MW00466971

EL *Poder* de la
SANGRE

EL *Poder* de la
SANGRE

H. A. MAXWELL
WHYTE

**WHITAKER
HOUSE**

Traducción al español realizada por:
Sí Señor, We Do Translations / Jorge Jenkins
P.O. Box 62 Middletown, DE 19709 EE.UU.
E-mail: sisenortra@aol.com
Tel: (302) 376-7259

El Poder de la Sangre
Edición revisada y ampliada
Publicado originalmente en inglés bajo el título:
The Power of the Blood, revised and expanded edition

ISBN: 978-1-60374-233-7
Impreso en los Estados Unidos de América
© 2010 por Whitaker House

Whitaker House
1030 Hunt Valley Circle
New Kensington, PA 15068
www.whitakerhouse.com

1 2 3 4 5 6 7 8 9 10 ⊔⊔ 16 15 14 13 12 11 10

Prólogo

POR STANLEY H. FRODSHAM

Ha sido un tremendo gozo leer este libro, y es un deleite para mí, escribir este prólogo solicitado por el autor.

Cada derramamiento fresco del Espíritu de Dios comienza con un grupo de oración, o con varios grupos de oración. Existieron dos grupos de este tipo en las islas británicas en el año 1907—y sin duda alguna tal vez más, pero este escritor sólo conoce estos dos. Un grupo de cinco mujeres se reunían cada sábado en una casa pequeña en Londres para orar, pidiendo un derramamiento del Espíritu Santo; el otro grupo consistía en cinco hombres que se reunían cada sábado por la noche en la rectoría episcopal en Sunderland, Inglaterra. El clamor de ambos grupos era por un derramamiento pentecostal en las islas británicas.

El Señor visitó el grupo de Londres primero. Catherine Price, que era un ama de casa muy humilde, estaba preparando su cena, cuando fue dirigida por el Espíritu Santo para que dejara todo y se fuera a esperar ante la presencia del Señor. A medida que ella esperó, Jesús se le apareció en persona. A medida que ella lo glorificada y adoraba, ella dejó de hablar en el idioma inglés, y comenzó a adorarlo en un nuevo lenguaje.

Unos días más tarde, ella fue dirigida a asistir a una reunión en Londres, la cual era organizada por el grupo Keswick, que eran gentes que se mantenían muy firmes a favor de los valores espirituales más altos que existían en aquellos días. El servicio comenzó con un canto, pero parecía que faltaba corazón en toda esa adoración. El Espíritu del Señor cayó sobre Catherine Price, que era una mujer muy tímida, y ella gritó, "¡Oh, como es que ustedes pueden cantar en forma tan apática y sin vida alguna, y sin importarles el hecho de que están cantando acerca de la sangre de Cristo Jesús!" De inmediato, ella comenzó a hablar en otras lenguas como el Espíritu Santo le daba para hablar.

El efecto de esto sobre la audiencia fue tremendo. Algunos se postraron sobre sus rostros delante de Dios. Otros salieron corriendo del edificio llenos de temor. Un buen número de ellos fueron impresionados profundamente por el hecho de que esta era verdaderamente una manifestación del Espíritu de Dios, y ellos pidieron la dirección donde vivía esta mujer. Desde ese día en adelante, ellos vinieron a visitarla, así como muchos otros que querían conocer más acerca de esto, y todos ellos fueron bautizados en el Espíritu Santo. El lugar de esta mujer se abrió para comenzar reuniones, donde el tema principal era *"He ahí el Cordero de Dios"* (Juan 1:29, 36), porque debido al derramamiento de la sangre del Cordero, es que el don del Espíritu Santo pudo ser comprado. Y por lo tanto, comenzó un derramamiento tremendo del Espíritu Santo en Londres.

Muy poco tiempo después, el Espíritu Santo fue derramado en Sunderland; y ahí, de la misma manera como sucedió en Londres, la sangre de Cristo fue exaltada. A medida que todos ellos declaraban reverentemente la sangre de Jesús, muchos fueron llenos con el Espíritu Santo.

Casualmente, existía otro grupo orando en la ciudad de Valparaíso, Chile, en Sudamérica, dentro de una iglesia metodista; el Señor Jesús derramó su Espíritu Santo sobre el doctor Hoover y sobre esta hermandad de cristianos metodistas—que eran un grupo de cinco personas que se reunían todos los días para orar. El tema de ese avivamiento también fue la sangre de Cristo Jesús.

Ellos honraban en esos días la sangre de Cristo grandemente, y solían cantar continuamente,

Bajo la sangre, la sangre preciosa;
Bajo la sangre que limpia y que sana;
Guárdame en ella, Salvador, todos los días,
Bajo la sangre preciosa.

Parecía no existir fin alguno para las revelaciones del poder y de la belleza de la sangre de Cristo Jesús. Ahora, una vez más, el Señor Jesús esta trayendo el poder de la sangre para que toda la iglesia ponga atención en esto. Debemos honrar y declarar la sangre del Cordero de Dios muy reverentemente, porque es a través de la sangre de Cristo Jesús que tenemos poder sobre todas las fuerzas del enemigo. Para todos aquellos que declaran la sangre del Cordero—no en una forma mecánica, sino en una verdadera reverencia muy santa—la restauración de todo aquello que la langosta, el pulgón, él saltón, y la oruga han devorado, estará a punto de caer sobre ellos (Joel 2:25).

—*Stanley H. Frodsham*
Ontario, Canadá
Agosto 1959

Prefacio para la nueva edición revisada y ampliada

Además de su ministerio de predicación y liberación a nivel mundial, H. A. Maxwell Whyte escribió muchos libros de temas relacionados. La mayoría de ellos fueron producidos a un precio muy bajo sólo para cubrir los gastos de distribución, para todos aquellos que desean tener un mayor entendimiento y una mejor apreciación de la sanidad y de la liberación. Muy pocos de estos libros han podido ser publicados y distribuidos a gran escala. El más conocido de todos ellos es El Poder de la Sangre, del cual se han vendido más de 500.000 copias alrededor de todo el mundo en ediciones anteriores, las cuales se encontraban traducidas en varios idiomas.

En este Prefacio, para esta edición destinada a tener una distribución masiva, Whyte declaró, "Dondequiera que he tenido el privilegio de poder ministrar, el mensaje de la sangre ha sido recibido con mucho gozo, y muchos han podido ser sanados y llenos con el Espíritu Santo. De muchas formas está siendo demostrado que Dios está revelando nuevamente a los cristianos, que ellos deberían 'declarar la Sangre Preciosa de Jesús'".

En adición al libro *El Poder de la Sangre*, Whyte es el autor de una gran cantidad de materiales en los temas del movimiento carismático. Tal vez el tema más importante a través de todas sus obras es el poder de la sangre de Cristo Jesús. Esta nueva edición revisada y ampliada, es una compilación de las ricas escrituras de Whyte sobre el tema de la sangre, compilado todo esto a través del material que él escribió en sus últimos veinte años de ministerio. Es muy poderoso y muy motivador, describiendo y explicando sus experiencias y su creencia acerca de los dones maravillosos del Espíritu Santo y de la Sangre Preciosa de Cristo Jesús. Él presenta sus pensamientos en una forma muy dinámica y convincente, guiado todo esto por el Espíritu Santo. Se incluye el texto original completo, junto con algunos pasajes de los siguientes escritos, que también forman parte de otras obras de Whyte:

Los Bautismos de la Biblia
Los Dones Carismáticos
Demonios y Liberación
Salud Divina
Como Recibir el Bautismo en el Espíritu Santo
¿Acaso Marcos 16 Es Verdad?
Destruyendo Fortalezas
La Operación de los Milagros

Tal y como se cubre en esta nueva edición, el mensaje completo acerca de la sangre preciosa del Cordero añadirá más profundidad al entendimiento que tengamos de esta arma que poseen los creyentes en su arsenal, pero que usan muy pocas veces. Es nuestra oración que la vida de oración, de estudio, y de enseñanzas del pastor Whyte cobre vida en el corazón y mente de miles de creyentes.

—Casa editorial
Mayo 2005

Contenido

"Existe una fuente llena de sangre"
LETRA POR WILLIAM COWPER, 1772

Verso 1
Existe una fuente llena de sangre
Derramada por las venas de Emanuel;
Los pecadores se sumergen en este río,
Para perder sus manchas de pecado.
Para perder sus manchas de pecado, para perder sus manchas de pecado.
Los pecadores se sumergen en este río,
Para perder sus manchas de culpa.

Verso 2
El ladrón moribundo se gozo al ver
Esa fuente de vida junto a él;
Y yo también, tan vil como él,
Lavé mis pecados.
Lavé mis pecados; lavé mis pecados,
Y yo también, tan vil como él,
Lavé mis pecados.

Verso 3

Amado Cordero inmolado,
Nunca perderá su poder,
Hasta que toda la iglesia de Dios rescatada,
Sea salva para no pecar jamás.
Sea salva para no pecar jamás, sea salva para no
pecar jamás.
Hasta que toda la iglesia de Dios rescatada,
Sea salva para no pecar jamás.

Verso 4

Desde que vi esa corriente por fe,
Que sus heridas fluyendo siempre suplen.
El amor redentor ha sido mi tema,
Y lo será hasta que yo muera.
Y lo será hasta que yo muera, y lo será hasta que
yo muera.
El amor redentor ha sido mi tema,
Y lo será hasta que yo muera.

Uno

La vida está en la sangre

Pastor Whyte, ¿podría orar por mis ojos?" me preguntó Betty un día. Ella era una muchacha de diez y seis años de edad que trabajaba en una tienda de comida rápida en Toronto.

"Claro que sí, Betty", le contesté. "Vamos a creer en Dios conjuntamente, y a declarar la sangre de Jesús". La miré por un momento y sentí la gran compasión de Cristo Jesús fluyendo dentro de mí. Ella estaba completamente ciega en su ojo derecho, y su ojo izquierdo sufría de estrabismo, de tal manera que le era muy difícil enfocar su visión en cualquier objeto. Y portaba unos anteojos muy, pero muy gruesos—los anteojos más gruesos que ella jamás podía comprar.

Comencé a orar por ella, declarando fuertemente la sangre de Cristo Jesús en forma muy enfática. En forma instantánea, el Señor Jesús restauró la vista de su ojo derecho.

"¡Gloria al Señor!" ella exclamó. "¡Puedo ver!" Nos regocijamos los dos juntos por la misericordia del Señor.

En un período de varias semanas, el ojo que sufriría estrabismo comenzó a enfocarse, y en cosa de meses, y llegó a tener una visión que era veinte-veinte. Eso sucedió hace veinte años, y ella todavía sigue completamente sana.

Una sustancia misteriosa

Este es solo uno de cientos de ejemplos y de historias que yo podría contar, que demuestran el poder de la sangre de Jesús. Cada historia es emocionante y convincente. Pero en primer lugar, permíteme compartir contigo algunas de las enseñanzas básicas de la Biblia, con relación a la sangre.

La sangre es una sustancia rara y misteriosa. Un muchacho joven podría ponerse a mirar una carnicería, pudiendo observar sin estremecerse como la sangre de los animales corre hacia el desagüe; pero el mismo muchacho, una vez que se ha convertido en un adulto, y contando con un poco más de imaginación, podría desmayarse con sólo mirar el mínimo rastro de sangre.

Por el otro lado, los hombres y mujeres pueden excitarse en gran manera mientras que aplauden y gritan, cuando su boxeador favorito hace que la sangre fluya de su oponente en un encuentro de boxeo. Parece ser que la parte malvada del ser humano se deleita cuando ve sangre; le causa excitación. Pero la parte noble del ser humano encuentra cierta forma de repudio a través de la sangre, y de la misma forma, nuestra simpatía ante el sufrimiento de aquellos cuya sangre ha sido derramada en accidentes y guerras. Sí, la sangre es una sustancia misteriosa.

En las Santas Escrituras vamos a comenzar a entender algunas cosas acerca de esta sustancia asombrosa. Mientras que la Biblia no nos dice acerca de la composición química de los corpúsculos rojos y blancos, si nos dice algo que es absolutamente elemental para poder entender este misterio: la vida de toda criatura viviente se encuentra en su sangre. Por lo tanto, podemos leer en Levítico 17:11 lo siguiente: *"La vida de la carne está en la sangre"*.

Pero la vida es tan misteriosa como lo es la sangre, y es muy poco lo que se puede entender acerca de ella. Sabemos que el ser humano no puede crear, aunque intenta hacerlo en los laboratorios. La historia tan conocida de Frankenstein y de su monstruo, muestra un retrato de la forma en que la vida vino

La vida es tan misteriosa como la sangre.

como una carga eléctrica hacia un cuerpo hecho de tejidos humanos; pero por supuesto, esto es pura ficción. Es mucho mejor si podemos aceptar la verdad fundamental de que tanto la electricidad como la vida, vienen y se derivan del Autor de toda vida, que es el Dios Todopoderoso.

En el segundo capítulo de Génesis, podemos leer la forma cómo Dios creó al hombre. Es muy importante que podamos entender que el hombre nunca puede crear al hombre. El hombre es el más grande logro creativo de Dios en la tierra y fue creado de acuerdo a su semejanza. La Biblia enseña que el hombre es *"asombrosa y maravillosamente...hecho"* (Salmo 139:14), y mucho más maravilloso que los mismos ángeles—por lo menos con respecto a la idea de que los ángeles no tienen carne o sangre, debido a que fueron creados estrictamente como seres espirituales. Es la manera como Dios creó a los ángeles, en contraste a la forma cómo Dios creó al hombre.

LA SANGRE, PORTADORA DE LA VIDA

Cuando Dios creó al hombre, Él formó un cuerpo a partir del polvo de la tierra, y de las sustancias y químicos de este planeta. Entonces, Dios sopló aliento de vida dentro de este cuerpo. En otras palabras, Dios sopló su propia vida espiritual, dentro de esta composición de químicos inertes, y esa vida fue recibida en esta sustancia compleja que llamamos sangre. *"Porque la vida de la carne está **en** la sangre"* (Levítico 17:11, se añadió énfasis).

Por lo tanto, como tú puedes ver, la sangre no es la vida, pero es la portadora de la vida. Esto se hace muy claro por medio de observar lo que sucede en la muerte. Inmediatamente después de haber expirado, el cuerpo de la persona todavía se encuentra tibio y va a permanecer así por un período de tiempo. Pero esa persona ya está muerta, debido a que la vida ha partido misteriosamente de la sangre. La vida del ser humano está contenida en su flujo sanguíneo. La vida misma es espiritual, pero debe contar con un portador físico, y este portador es la sangre.

Para mí, la cosa más asombrosa acerca de la sangre es la capacidad que tiene para portar el don de vida que viene de Dios. El punto de contacto entre lo divino y lo humano descansa en el flujo sanguíneo. ¡Por esto es que podemos decir que la sangre es una sustancia misteriosa! Contiene algo que ningún científico puede explicar—contiene la vida preciosa que ha sido dada por Dios.

En un pasado no tan distante, fue posible sacar sangre de las venas de una persona, sellarla en contenedores especiales, y guardarla en bancos de sangre que acababan de ser creados, donde la vida que sólo viene de Dios, podía ser guardada en refrigeradores a temperaturas mucho más bajas de la temperatura que existe en el cuerpo humano. La sangre podía ser congelada, pero la vida que se encuentra en ella no puede ser afectada ni alterada a través de este proceso de congelación.

Aparte del factor de compatibilidad derivado de los diversos tipos de sangre, no importa si la sangre de una mujer se transfiere a un hombre, o si la sangre de un donador negro es puesta en las venas de una persona blanca, o si una persona muy pobre recibe la sangre de una persona que es millonaria. La sangre no determina el sexo, el color de la piel, o la cultura de la persona; simplemente lleva la vida que viene de Dios. No debería existir diferencia química alguna entre la sangre muerta y la sangre viva del mismo tipo, aparte de la vida que Dios puso en ella y que tomó de la misma.

La sangre es la portadora física de la vida.

Es posible que una persona que ha sido herida muy seriamente se desangre hasta el punto de morir, a medida que el corazón bombea fuera del cuerpo la sangre portadora de vida, a través de esa herida. Tan pronto como la sangre se ha ido, la vida se ha ido, ¡porque la vida se encuentra en la sangre! Las gentes pueden tratar de llenar las venas con sustancias químicas, pueden tratar de vestir ese cadáver, y pueden ponerlo en un ataúd para que todos lo vean—pero ese cadáver seguirá siendo un cadáver, porque no hay sangre alguna en las venas, y por lo tanto no existe vida alguna en ese cuerpo.

LA SINGULARIDAD DE LA SANGRE DE JESÚS

Esta discusión en forma natural nos lleva a considerar de alguna forma la naturaleza singular de la sangre de Jesús. Estoy muy agradecido con el doctor William Standish Reed de la fundación médica cristiana de Tampa, estado de Florida, por los pensamientos que compartió con relación al asunto de la concepción sobrenatural de Jesús en el vientre de María. El óvulo femenino en sí mismo no contiene sangre, y tampoco el esperma masculino; pero es en el momento en que se une en las trompas de Falopio, que se lleva a cabo la concepción, y una nueva forma de vida comienza. Los códigos genéticos en las células sanguíneas de esta nueva creación son heredados tanto del padre como de la madre, y el tipo de sangre se determina por medio de la combinación del material genético, tanto del huevo como del esperma en el momento de la concepción. El bebé que todavía no ha nacido es protegido poco tiempo después por medio de la placenta, de cualquier flujo de la sangre de la madre hacia este feto.

La Biblia es muy explícita con relación al hecho de que el Espíritu Santo fue el Agente Divino que causó la concepción de Jesús en el vientre de María. Por lo tanto, ésta no fue una concepción normal, sino un acto sobrenatural de Dios plantando en el vientre de María, la vida de su hijo que ya existía, sin una unión normal del esperma masculino con él óvulo femenino de María. Debido a que la sangre de Jesús, el Hijo de Dios tenía una naturaleza completamente diferente y muy preciosa, es inconcebible pensar que María pudo haber suplido algo de su sangre adámica, no regenerada, para el Cordero sin mancha de Dios. Toda la sangre de ese bebé vino directamente de su Padre celestial en el cielo a través de un acto creador de Dios. La sangre de Jesús no contenía nada de las manchas adámicas de pecado.

La sangre de Jesús tiene su propia naturaleza única y preciosa.

La idea que muchos tienen de que María suplió el ovulo espiritual, y que el Espíritu Santo suplió el esperma espiritual significaría que Jesús pudo haber sido concebido con sangre mixta o mezclada, siendo una parte de Adán y otra parte de Dios, lo cual es repugnante a la luz del plan de Dios para la salvación de la humanidad caída. Una idea tan errónea como ésta también motiva el punto de vista que sostienen algunas sectas ocultistas con relación a que Jesús no tuvo existencia previa a su concepción en el vientre de María.

El asunto en realidad consiste en que Dios ha dicho en la Biblia que Él preparó un cuerpo para su hijo. *"Por lo cual, al entrar El en el mundo, dice: Sacrificio y ofrenda no has querido, pero un cuerpo has preparado para mí"* (Hebreos 10:5). Fue *ese* cuerpo, el que fue implantado en el vientre de María. Jesús sabía, mucho antes de su nacimiento en Belén, que su Padre iba a preparar un cuerpo para Él, el cual, Él describiría más adelante como el templo de Dios. (Véase Juan 2:21). Jesús simplemente descendió del cielo, y entró a ese cuerpo nuevo creado en vientre de María, que fue su madre terrenal. Este cuerpo tenía sangre, la cual había sido creada por su Padre. No existió jamás ningún tipo de mezcla adámica en todo esto.

Jesús fue *"del unigénito del Padre"* (Juan 1:14), y su cuerpo fue formado y hecho de una manera maravillosa dentro del vientre de María, que era su madre. Pero la vida que se encontraba en Cristo Jesús vino solamente del Padre celestial, por medio del Espíritu Santo. Por lo tanto, esta vida que fluyó en las venas del Señor Cristo Jesús, vino solamente y en forma directa de Dios. Por esta razón es que Él dijo, *"Yo soy...la vida"* (Juan 14:6). Dios impartió su propia vida en la corriente sanguínea de Jesús. La sangre adámica está corrupta y era transportada a través de María, quien declaró que Jesús su Hijo, era *"Dios mi Salvador"* (Lucas 1:47). María fue el instrumento escogido para portar el cuerpo del Hijo de Dios, pero toda la sangre de Jesús vino solamente de Dios.

Tipos de sangre, pura y contaminada

Existe un número limitado de tipos o categorías de sangre humana que han podido ser clasificadas por la ciencia médica (A+, B+, AB+, O+, AB-, B-, y A-), pero estoy seguro que "el tipo de sangre" del Señor Cristo Jesús fue completamente diferente. La sangre que fluyó en sus venas fue perfecta, debido a que no se encontraba contaminada por el pecado de Adán, el cual trajo el pecado y la enfermedad a la sangre humana.

Si Adán no hubiera pecado, él no hubiera muerto. Pero a través de su pecado, introdujo la muerte dentro de la familia humana. El cuerpo humano, por lo tanto, se hizo sujeto a la corrupción y decadencia, y a final de cuentas, la muerte llega a cada uno de nosotros. Es en el momento de la muerte, que la vida que se encuentra en la sangre parte del cuerpo físico, junto con el espíritu y el alma del hombre.

Cristo Jesús no tuvo pecado alguno en su cuerpo, pero Él se permitió a sí mismo morir por los pecados de una humanidad pecaminosa. Él entregó la vida perfecta que se encontraba en su sangre perfecta, a fin de redimir a la raza humana imperfecta—en un intercambio de sangre pura, a cambio de la sangre contaminada, de la vida a cambio de la muerte, *"Porque la vida...está en la sangre"*. Esta es la razón de por qué Jesús es descrito como el último Adán. Dios envió a Jesús a la tierra en la semejanza del Adán pecaminoso, pero llevando la sangre pura, sin contaminación alguna en sus venas. Dios lo envió para que Él pudiera derramar esa sangre pura para darle vida a toda la humanidad.

Es muy importante que nosotros podamos entender que la sangre de Jesús se encuentra en una categoría completamente diferente a la nuestra. Pedro describió muy correctamente esta sangre como la *"sangre preciosa"* (1 Pedro 1:19). No es posible determinar el valor de la sangre de Jesús en términos humanos. No tiene precio alguno. Es el precio que Dios puso para la redención de toda la raza humana.

TRANSFUSIONES ESPIRITUALES

Echa a volar tu imaginación por un momento. ¿Acaso no sería maravillosa si la sangre de Jesús pudiera ser contenida en los bancos de sangre de todos nuestros hospitales? ¿Podrías ver que todo aquel que pudiera obtener una transfusión de la sangre de Cristo, de hecho, estaría recibiendo la vida eterna de Dios a través de esta sangre pura?

¡Por supuesto que Dios nunca tuvo la intención de administrar salvación por medio de transfusiones sanguíneas! Pero un milagro tan grande como este ejemplo sucede cuando un ser humano confía en Jesús y lo acepta como su Salvador personal. De inmediato, se lleva a cabo una gran limpieza, y el pecado que se encontraba en el flujo sanguíneo es limpiado completamente. *"Yo vengaré su sangre, que aún no he vengado, pues el Señor habita en Sion"* (Joel 3:21).

Cuando recibimos a Jesús, la Biblia expresa la idea de que *el corazón* es limpiado por la sangre de Jesús. (Véase, por ejemplo, 2 Crónicas 30:18–19; Hebreos 9:14; 1 Juan 1:7). Esto es más literal de lo que algunos se atreven a creer. Si el pecado y la corrupción que se encuentran en esa corriente sanguínea son limpiados junto con toda la corrupción espiritual, entonces, ciertamente nos podemos referir en el sentido de que el mismo corazón que bombea la sangre ha sido limpiado. A través del milagro de la salvación, hemos recibido tanto la vida eterna, como la salud divina del Hijo de Dios. El más grande desinfectante que existe en el mundo es la sangre de Cristo Jesús. Lleva en sí misma la vida eterna de Dios.

Sangre muerta, sangre viva

En esta conexión, es muy interesante poder notar que el sobrenombre Beelzebú del diablo significa "señor de moscas" o "príncipe de las moscas". La sangre muerta atrae las moscas muy rápidamente, lo cual genera corrupción en toda esa sangre que se está coagulando. Sin embargo, la sangre de Jesús tiene exactamente el efecto contrario: rechaza a Beelzebú y a todos sus demonios. Cuando tú aplicas la sangre de Jesús en cualquier cosa por medio de la fe, el diablo tiene que huir debido a que la sangre de Jesús está viva. La vida se encuentra en la sangre.

El diablo odia el sólo hecho de mencionar la sangre de Jesús. Esto es muy evidente en nuestro ministerio de liberación cada vez que los demonios se ponen a hablar con nosotros. He podido escuchar algunos demonios que de hecho gritan, "¡No digas eso; no digas eso!", cada vez que mencionamos la sangre de Jesús. Otro demonio dijo en una ocasión en forma acusadora, "¡Tú dijiste eso!" como si hubiéramos dicho una cosa terrible.

En una ocasión nos encontrábamos orando por una mujer que tenía problemas mentales. "Jesús", yo dije, "¡declaramos tu sangre preciosa!" De inmediato, una voz extraña salió de la garganta de esta mujer. "No digas eso", la voz gruñó. "¡No me gusta eso!"

Pero persistimos en hacerlo. "¡Declaramos la sangre de Cristo Jesús!" gritamos. Finalmente el demonio tuvo que rendirse. "Está bien, tú puedes decir eso—a mí no me importa", dijo. "¡De todas formas, todo está seco; todo está seco!" Y con eso, el demonio salió, y la mujer fue restaurada a una completa sanidad. De nuevo me pude regocijar en el poder de la sangre de Jesús.

Liberación para vida

Una muchacha muy hermosa de tan sólo dieciséis años de edad se acercó a mí en una ocasión pidiendo oración. Ella parecía el tipo de muchacha que tú encuentras en una iglesia, pero el diablo es un gran engañador. Esta muchacha comenzó por decirme que ella había estado involucrada en drogas. Entonces, ella confesó que también había estado actuando como una bruja en su escuela. Aparentemente, ella tenía demonios.

Yo puse mis manos sobre su cabeza, reprendí a los demonios, y les ordene que salieran en el nombre de Jesús.

De inmediato comenzaron a gritar, porque se dieron cuenta que no podían hacer nada ante el nombre de Jesús y la sangre que Jesús ha derramado. Ellos gritaron y estuvieron ahogándola por cerca de una hora. Muchos estudiantes cristianos se encontraban sorprendidos y comenzaron a interceder por ella hasta que ella fue completamente liberada.

La vida está en la sangre

Yo le pregunté si le gustaría ser llena con el Espíritu Santo. Ella de inmediato dijo que si, y aprendió a declarar y a honrar la sangre de Jesús en oración. Muy pronto, el Espíritu Santo entró en ella, ¡y ella comenzó a hablar en unas lenguas desconocidas muy hermosas! Yo quedé maravillado del cambio tan asombroso que Jesús trajo a esta muchacha.[1]

Nunca subestimes el poder de la sangre de Jesús. En Levítico podemos leer lo siguiente:

Porque la vida de la carne está en la sangre, y yo os la he dado sobre el altar para hacer expiación por vuestras almas; porque es la sangre, por razón de la vida, la que hace expiación. (Levítico 17:11)

El autor de Hebreos, por lo tanto, no cometió ningún error cuando escribió lo siguiente: *"Sin derramamiento de sangre no hay perdón"* (Hebreos 9:22).

Expiación por la sangre

Imagínate, si puedes, la escena en el Monte Calvario. Ningún artista ha sido capaz de pintar la crucifixión realmente como ésta fue. Sería algo demasiado repulsivo para poder pintarlo en un cuadro artístico. Es muy dudoso incluso que los romanos le hayan permitido a Jesús la cortesía de cubrirse con un pedazo de lienzo. El fue expuesto de la misma manera como el primer Adán lo fue, en el jardín del Edén, para que Jesús pudiera cubrir su propia desnudez—y por lo tanto, todos nuestros pecados expuestos, los cuales Él ya había tomado sobre sí mismo—con su propia sangre preciosa.

A cambio de esto, podemos cubrir nuestra propia desnudez espiritual con su sangre preciosa—¡la cual es una cubierta o una expiación perfecta!

El máximo sacrificio de sangre

La corona de espinas que fue puesta sobre la cabeza de Jesús, no fue una cosa nada cómoda, sino muy dura. Muchas espinas—tal vez una docena o más—y cada una como de tres centímetros de largo, fueron clavadas en su cabeza, produciendo heridas muy serias que dejaban correr la sangre en todo su cabello y su barba, colorándolos en un color rojo obscuro. Le pusieron los clavos en las muñecas de sus manos, y su sangre corrió por sus brazos y sus costados. También le pusieron clavos atravesando sus pies, y todavía más sangre corrió a los lados de la cruz, para redimir los pecados de todo el mundo. Más tarde, le atravesaron una lanza en su costado (véase Juan 19:34), y su sangre se derramó, corriendo por la cruz hacia la tierra que encontraba debajo.

La expiación fue provista por el sacrificio de la sangre de Cristo Jesús.

Sus huesos fueron dislocados. (Véase Salmo 22:14). Su rostro se volvió irreconocible, y era imposible poder percibir cualquiera de sus facciones. (Véase Isaías 53). Debido a que ya estaba muerto cuando los soldados llegaron para romper sus piernas—lo cual era la costumbre a fin de apresurar la muerte en aquellos días—ni uno solo de sus huesos fue roto. (Véase Salmo 34:20; Juan 19:36). Todos aquellos que pudieron verlo, sólo miraron la sangre. Un espectáculo de sangre. Su cabello y su barba estaban empapados en su propia sangre. Su espalda estaba lacerada de los treinta y nueve latigazos que había recibido, y estaba cubierta con su propia sangre. La cruz estaba llena de sangre, así como la tierra que se encontraba alrededor de la base de la cruz. Todo era sangre, sangre, sangre por todos lados.

Es muy importante que todos nosotros podamos entender el hecho de que la expiación y redención completa nos han sido provistas a través de la sangre de Cristo Jesús. La palabra *expiación* es una palabra muy hermosa, pero que desafortunadamente algunas veces es mal entendida. La palabra *expiación* simplemente significa "una cobertura". *"Donde el pecado abundó, sobreabundó la gracia"* (Romanos 5:20), porque fue por la gracia que vino la sangre de Jesús, la cual fue dada voluntariamente en amor, y cubre todos nuestros pecados. (Véase Proverbios 10:12; Romanos 4:7; 1 Pedro 4:8).

EL REFUGIO FAMILIAR ANTIBOMBAS

La efectividad de la cubierta de la sangre de Jesús fue algo muy real para la señora Whyte y para mí durante la Segunda Guerra Mundial, mientras que nos encontrábamos viviendo en Inglaterra. Muy frecuentemente podríamos experimentar los bombardeos aéreos tan peligrosos, durante los cuales las bombas zumbaban volando por todos lados. Sin embargo, éramos capaces de acostarnos con nuestros niños y dormir a través de todo este peligro.

La protección brindada a través de la sangre de Jesús era tan real que parecía como si solamente estuviéramos durmiendo en un refugio muy bien fortificado. De hecho, solíamos hablar de la sangre como "el mejor refugio aéreo antibombas de todo el mundo". Sin embargo, nunca nos atrevimos a despreciar este refugio. Al contrario, cada noche antes de irnos a dormir, nos cubríamos a nosotros mismos, nuestra casa, y a nuestros hijos con la sangre de Jesús. En una de esas noches, trece bombas cayeron en un radio de tres cuartos de milla alrededor de nuestro hogar. Y estas bombas eran altamente destructoras. Pero aparte de daños pequeños a la casa, todos permanecimos a salvo.

El amor de Dios cubre todos nuestros pecados

Si podemos entender claramente el significado de la palabra *expiación*, hemos descubierto una tremenda verdad. Dios ha provisto una sustancia, por la cual nos podemos cubrir de todas aquellas cosas que no queremos que nos sucedan; Dios garantiza que Él ni siquiera va a voltear a ver nuestros pecados, después de que por medio de la fe hayamos reconocido que la sangre de Jesús los ha cubierto por completo. ¿Por qué es esto?

Porque cuando Dios ve la sangre del Cordero, Él ya no ve pecado alguno.

Se nos menciona en el libro de Levítico que no sólo la vida se encuentra en la sangre, pero también, que la sangre es la única substancia con la cual se puede realizar una expiación, o cubrir todos nuestros pecados.

> *Porque la vida de la carne está en la sangre, y yo os la he dado sobre el altar para hacer expiación por vuestras almas; porque es la sangre, por razón de la vida, la que hace expiación.* (Levítico 17:11)

El pecador, una vez que ha aceptado un sustituto—en los tiempos del Antiguo Testamento, era algún animal limpio, pero todo esto después de la crucifixión ha sido reemplazado por Jesús mismo—este pecador puede mirar al sustituto que está muriendo en su lugar. De esta manera, la cubierta de sangre era y es provista para el pecador.

RELIGIONES DE "HOJAS DE HIGUERA"

En el principio de la creación, Dios ordenó que la creaturas vivientes, grandemente amadas por Adán, debían ser sacrificadas, y que su sangre debería ser derramada a fin de poder suplir una cubierta para la desnudez obvia de Adán y de

Eva. El principio de una vida a cambio de otra vida es vigente a través de toda la Biblia. Ningún otro tipo de vestimentas podría cubrir suficientemente a Adán y a Eva, excepto aquellas que estaban involucradas en el derramamiento de sangre. Si el ser humano se maneja por sí mismo, él normalmente inventa alguna religión que no requiere del derramamiento de sangre—como una religión de "hojas de higuera".

Esta es la razón de que es sumamente importante que, cada vez que observemos la Cena del Señor o Santa Cena, participemos tanto del pan como del vino. El hecho de participar solamente del pan, como algunos grupos suelen hacerlo, sería equivalente a tener un sacrificio sin sangre alguna, y por lo tanto, no existe vida alguna en la carne sin la sangre.

EN PERFECTA ARMONÍA

En 1 Juan 5:7–8 leemos lo siguiente: *"Tres son los que dan testimonio en la tierra: el Espíritu, el agua y la sangre, y los tres concuerdan"*. En las Escrituras, el agua frecuentemente es un símbolo de la Palabra de Dios; y es lo que nos lava continuamente, tal y como podemos verlo en Efesios 5:26. Pero la Palabra de Dios sin la sangre no tiene efecto alguno, porque la vida de Jesús, quien es la Palabra de Dios, se encuentra en la sangre.

Por lo tanto, en la Santa Cena o Cena del Señor, no es adecuado recibir el pan a solas. Debemos recibir tanto el pan como el vino, lo cual habla de Jesús, la Palabra de Dios crucificada, y la sangre que Él derramó voluntariamente.

El Espíritu Santo también se encuentra en completo acuerdo con el agua y la sangre. Por esta razón, cada vez que honramos la sangre de Jesús, el Espíritu Santo manifiesta de inmediato su vida a nuestro favor. El Espíritu Santo está de acuerdo con la Palabra de Dios y con la sangre de Jesús, y éstos tres están de acuerdo unos con los otros. Ellos son trinitariamente uno solo.

LAS ECUACIONES DE DIOS

> *Porque tres son los que dan testimonio en el cielo: el Padre, el Verbo y el Espíritu Santo, y estos tres son uno. Y tres son los que dan testimonio en la tierra: el Espíritu, el agua y la sangre, y los tres concuerdan.*
>
> (1 Juan 5:7–8)

Existe una ecuación maravillosa en 1 Juan 5:7–8. De hecho, en realidad son dos ecuaciones, una que trata con las operaciones de Dios en el cielo, y la segunda que trata con las obras de Dios en la tierra.

El Poder de la Sangre

Ecuación número uno:
Las operaciones en el cielo

Tres son los que dan testimonio en el cielo =
El Padre + el Verbo + el Espíritu Santo

Para nosotros actualmente no es nada difícil poder entender esto. El Padre celestial se encuentra sobre todas las cosas, el Hijo (la Palabra de Dios) se encuentra sentado a la mano derecha del Padre, y el Espíritu Santo está de acuerdo con todo lo que se hace, y es aquel que visita la tierra continuamente para bendecir la creación de Dios. El Espíritu Santo es omnipresente en la tierra y en el cielo al mismo tiempo. Existe un acuerdo completo entre las tres personas de la Trinidad.

Ecuación número dos: las obras en la tierra

Tres son los que dan testimonio en la tierra =
El Espíritu + el agua + la sangre

Este es el trío más asombroso. Debes notar que, mientras el Padre celestial ocupa el primer lugar en el cielo, ahora este lugar es reemplazado en la tierra por el Espíritu Santo, Quien se convierte en el foco principal, y en aquel con quien todos nosotros tenemos que tratar. En el cielo, el segundo lugar le fue otorgado a la segunda persona de la Trinidad, quien es Jesús, y que es descrito como el Logos o como la Palabra de Dios. (Véase Juan 1:1). La Palabra en el cielo se convierte en el agua en la tierra y ocupa la segunda posición, debido a que el agua es el símbolo del Espíritu Santo y el agua fluye. Te voy a referir nuevamente a las palabras de Jesús, que dijo, *"De su interior correrán ríos de agua viva"* (Juan 7:38, RVR). El agua de la Palabra en el cielo fluye descendiendo hacia la tierra por el Espíritu Santo como agua viva que viene directamente del río de Dios. Cuando esta agua llega a nosotros, debe fluir a través de nosotros, porque solamente somos canales, igual que los recipientes del santuario en el Antiguo Testamento, los cuales derramaban bendiciones, y no sólo se conformaban en contener las bendiciones.

Por lo tanto, la Palabra Viva, debe fluir, y esto comienza en el cielo, siendo derramado a través de nuestra boca en la forma de la Palabra Viviente de Dios que fluye todo el tiempo. El hecho de hablar en lenguas significa que la Palabra de Dios está fluyendo todo el tiempo, y esto

Somos canales para que la Palabra Viva fluya a través de nosotros.

puede salir, de acuerdo a nuestra fe, como lenguas, interpretación de lenguas, o profecía, pero siempre esto constituye la Palabra Logos fluyendo hacia la gente para traerles bendiciones y refrigerio.

Un cristiano que dice ser lleno con el Espíritu Santo y que no derrama la Palabra de Dios en forma sobrenatural hacia los demás, no está de acuerdo a la medida que está registrada en la Biblia, y que el Espíritu Santo y el agua han acordado en forma perfecta. Un cristiano que no derrama y comparte, se ha convertido en un cristiano seco—su recipiente se ha secado por completo. El es salvo, pero no está haciendo nada de lo que supuestamente debería hacer—que es testificar en el poder del Espíritu Santo. Él se encuentra sin poder alguno (del griego *dunamis*), porque Jesús dijo que nosotros íbamos a tener su "*dunamis*" cuando el Espíritu Santo viniera sobre nosotros en la misma forma como sucedió en el día de Pentecostés. (Véase Hechos 1:8).

Debes notar que tanto el Espíritu Santo como la Palabra fluyendo están completamente de acuerdo en su testimonio con la sangre de Jesús. ¿Cómo puede ser esto posible? La sangre es sangre viva. Se encuentra en el propiciatorio en el cielo, rociada por la sangre de Jesús cuando El ascendió al cielo (véase Hebreos 9), porque en la tipología del Antiguo Testamento, el sumo sacerdote rociaba la sangre del sacrificio una vez cada año en el propiciatorio cubierto de oro que se encontraba en el arca detrás del velo del templo. El propiciatorio significa el lugar de la propiciación o de la misericordia, que es el lugar donde Dios se encuentra, y donde contamos con el factor común de la sangre del Cordero que ha sido derramada.[2]

LA SANGRE DEBE SER ROCIADA

Tal y como es descrito por el autor del libro de Hebreos, en el día de la expiación en el Antiguo Testamento, Moisés *"tomó la sangre...y roció el libro mismo y a todo el pueblo"* (Hebreos 9:19). ¿Por qué? Porque el libro es un libro sin vida para el lector, a menos que se haya aplicado la sangre primeramente. Tanto el libro (la Palabra de Dios) y el pueblo fueron rociados con la sangre. Esto también fue cumplido en el Monte Calvario. Jesús, quien es la Palabra Viviente de Dios, fue rociado con su propia sangre.

Existen algunos que nos dicen que es suficiente con el hecho de contar con el Nombre de Jesús, pero yo opino en forma diferente. Necesitamos el nombre y la sangre, porque la vida se encuentra en la sangre. Hay poder en el nombre de Jesús, sólo debido a que Él derramó su propia sangre y la ofreció a su Padre celestial, quien entonces, le dio toda su autoridad y todo su poder a su Hijo. (Véase Mateo 28:18). Este mismo poder y autoridad nos es dado a todos los creyentes (véase Lucas 10:19), pero se convierte en algo operativo solo a medida que honramos la sangre de Jesús.

El Poder de la Sangre

En nuestro lugar

Se habla muy frecuentemente de que la muerte de Cristo es en sustitución de nosotros. Jesús murió en nuestro lugar. Refiriéndonos al Antiguo Testamento tenemos pruebas abundantes de que los pecados sólo eran perdonados por Dios en la base del derramamiento de sangre—una vida por otra vida—y también se nos informa de esto mismo en el Nuevo Testamento cuando dice: *"Sin derramamiento de sangre no hay perdón"* (Hebreos 9:22).

Cuando Jesús murió en la cruz, Él, como el Sumo Sacerdote de Dios, derramó y roció su propia sangre a favor de todo el pueblo. Él fue crucificado en el tiempo de la fiesta de la Pascua, la fiesta que los judíos guardaban para recordar cuando Dios dijo, *"Pues el Señor pasará para herir a los egipcios; y cuando vea la sangre en el dintel y en los dos postes de la puerta, el Señor pasará de largo aquella puerta, y no permitirá que el ángel destructor entre en vuestras casas para heriros"* (Éxodo 12:23). En el mismo tiempo cuando los judíos estaban celebrando el primer éxodo, Jesús estaba haciendo la expiación para el segundo éxodo. Para todos aquellos que creen en su sacrificio y la eficacia de su sangre preciosa, existe un éxodo del pecado y de la pena del pecado, lo cual también incluye a la enfermedad.

Expiación por la sangre

TODA LA TIPOLOGÍA CUMPLIDA EN CRISTO JESÚS

Cada tipo y símbolo de la expiación en el Antiguo Testamento fue cumplido en Cristo Jesús. Cuando Jesús derramó su sangre, salpicándola sobre su cuerpo, sus vestiduras, la cruz, la tierra, los siguientes eventos que tipificaban su obra expiatoria fueron completados:

1. La sangre fue rociada sobre el altar (Éxodo 24:6–8);

2. Derramada alrededor del altar (Éxodo 29:12.16; Levítico 7:2);

3. Salpicada en el sumo sacerdote y en sus vestiduras (Éxodo 29:20–21);

4. Derramada en la base del altar (Levítico 4:7);

5. Derramada a los lados del altar (Levítico 5:9);

6. Salpicada delante del tabernáculo siete veces (Números 19:4).

Este último fue cumplido en el hecho de que la cruz y el Monte Calvario estaban a la vista del templo en Jerusalén, porque el Monte Calvario se encontraba en las afueras de la pared que rodeaba a la ciudad.

Todas estas tipificaciones del Antiguo Testamento fueron cumplidas en la crucifixión de Jesús, quien se hizo a sí mismo nuestra Pascua, nuestro Sumo Sacerdote, nuestro Salvador, y nuestro sacrificio de sangre. Su sangre por si misma cubre todos nuestros pecados.

JESÚS LLEVÓ TODA NUESTRA CULPA

Cuando consideramos nuestra gran carga de pecado y de culpa que Jesús llevó en el Calvario, no debe sorprendernos el hecho de que Él clamó cuando estaba en agonía, y éste clamor no estaba partiendo de su cuerpo, sino de su alma, *"Dios mío Dios mío, ¿por qué me has abandonado?"* (Salmo 22:1; Mateo 27:46). ¿Pero por qué es que el Padre celestial había abandonado al Hijo? Porque está escrito que ningún pecado puede estar delante de la presencia de Dios (Habacuc 1:13). Cuando Jesús estaba llevando los pecados de todo el mundo sobre su cuerpo en la cruz, el Padre celestial no podía ni siquiera voltear a mirar a su propio Hijo. Jesús se había convertido en pecado por todos nosotros (2 Corintios 5:21).

Debido a que Jesús estaba llevando la culpa de *"nuestros pecados en su cuerpo"* (1 Pedro 2:24), no era posible que el Padre celestial volteara a verlo, sino hasta que Jesús hubiera cubierto su propio cuerpo con su sangre y con su muerte. Sólo entonces es que el Padre celestial podía voltear y mirar nuevamente a su unigénito Hijo. Jesús había sido *"obediente hasta la muerte, y muerte de cruz"* (Filipenses 2:8), y ahora todos nuestros pecados habían sido expiados, o habían sido cubiertos, con su preciosa sangre. La vida de Jesús a cambio de nuestra vida—es lo que el Padre celestial había demandado. Una vez que esto fue cumplido, entonces el Padre celestial pudo volver a mirar, y vio, no nuestro pecado, sino la sangre de su propio Hijo Jesús. Esto era completamente suficiente; el hijo de Dios había ofrecido su propia vida en su sangre por toda la humanidad. El Padre debía tener respeto por esta ofrenda tan pura, y nuestra redención fue completada.

Si honramos la sangre de Cristo Jesús, el Padre celestial va a sonreír sobre nosotros con perdón y con limpieza. Sin embargo, esto no debe convertirse meramente en una formalidad teológica sin sentido, sino por el contrario, debe ser una adopción vital, activa y total de la sangre de Cristo Jesús. Nosotros no ofrecemos nuestras propias obras; ofrecemos solamente la sangre de Jesús. Cuando Dios ve la sangre de su Hijo Jesucristo, la cual ofrecemos como nuestra cobertura, como nuestro perdón, y nuestra súplica, Dios no ve nuestro pecado; Dios sólo puede ver la cubierta, que consiste en la preciosa sangre de Jesús. Por lo tanto, podemos entender que *"es la sangre, por razón de la vida, la que hace expiación"* (Levítico 17:11).

Tres

La sangre habla

Cuando Lester Sumrall ministró liberación a una muchacha que estaba poseída de demonios en las islas Filipinas, hace varios años, el demonio en esta muchacha habló en el inglés más puro, aunque la muchacha solamente podía hablar en el dialecto local. Este espíritu de demonio comenzó maldiciendo al Padre celestial, entonces al Hijo, y entonces al Espíritu Santo, y entonces a la sangre de Jesús, en este orden. Escuché decir al Hermano Sumrall en la Convención de Hombres de Negocios del Evangelio Completo que se realizó en la ciudad de Chicago en 1957 que la forma como este demonio maldijo, casi parecía que ese demonio creía que la sangre de Jesús estaba viva.

DECLARANDO EN VOZ ALTA

Una mujer que supuestamente se llamaba cristiana tuvo un verdadero berrinche un día y me reprendió severamente. ¡Pero yo estaba determinado a que no iba a ser reprendido por una mujer caída! Y por lo tanto le ordené al demonio que saliera de ella. Lo hizo—por lo menos uno de ellos lo hizo—y me agarró por la garganta y comenzó a estrangularme.

Yo grite, "¡La sangre de Jesús!" tres veces, y el demonio se regreso hacia ella.

Pero mientras que estaba tratando de estrangularme, el demonio que se encontraba dentro de esta mujer decía, "¡Ahí lo tienes, tú tienes un demonio!" Pero esta era una mentira del diablo. Y a través de la sangre de Cristo Jesús, vencí a ese demonio.

En otra ocasión, experimenté un ataque demoníaco mientras que me encontraba dormido. En medio de la noche, desperté para darme cuenta que me habían estado estrangulando hasta el punto de casi quitarme la vida. Mi corazón se sentía oprimido muy fuertemente. Yo sentía como si la vida se me estaba yendo.

Yo grite, "¡La sangre de Jesús!" tres veces. El demonio se fue rápidamente, y pude pasar el resto de la noche en completa paz. La siguiente noche a la misma hora, la misma experiencia le sucedió a mi esposa, y tuvimos que usar la misma forma de aplicar la sangre de Cristo Jesús, lo cual trajo una liberación instantánea. Ningún demonio puede soportar la sangre de Cristo, pero tiene que ser hecho por medio de la fe.[3]

Reacciones demoníacas

Debemos recordar que la vida de Dios se encuentra en la sangre de Jesús, y por lo tanto, no me sorprende ver la reacción que todos estos espíritus demoniacos tan fuertes muestran ante ella. Tan pronto como cualquier cristiano toma la preciosa sangre de Jesús en su boca y en su lengua, y la canta, la habla, o la declara, el diablo se pone tremendamente perturbado. El diablo entiende el poder de la sangre de Jesús, y ha hecho todo lo que ha podido para cegar a los cristianos y que no puedan ver esta verdad. Muchas gentes que son cristianos de nombre solamente, no tienen nada que ver con lo que ellos llaman "una religión de matadero". Lo que ellos tienen es una religión que carece de la vida de Dios en ella, y el diablo no tiene objeción alguna en poder participar con este tipo de religiones. Pero tan pronto como comenzamos a honrar la sangre de Jesús en un sentido activo, alteramos a los demonios a un grado superlativo. Es como poner fuego en el nido de las avispas.

Es muy sorprendente lo poco que ha sido enseñado acerca de la sangre de Jesús, y lo poco que se conoce acerca de la actividad de los espíritus demoniacos, incluso dentro de la iglesia cristiana. Ningún cristiano sabio se atrevería a echar fuera demonios sin tener fe en la sangre de Cristo Jesús. He sido usado por Dios muchas veces para liberar gentes de los poderes demoniacos, tanto en el alma y cuerpo, pero nunca sin haber declarado conscientemente la sangre de Jesús, y contando con el conocimiento de que he sido cubierto literalmente por su sangre. En estos casos, Jesús promete que *"nada os hará daño"* (Lucas 10:19) y la promesa que se encuentra en Isaías 54:17 que *"ningún arma formada en contra de ti prosperará"* y estas dos promesas se cumplen completamente.

EL CLAMOR DE LA SANGRE DE JESÚS

La protección que nos brinda la sangre de Jesús descansa en el hecho de que la sangre de Jesús le dice algo a Dios. La sangre clama a Dios, diciendo, "¡El pecado ha sido cubierto! ¡La paga del pecado ha sido pagada!"

De hecho, existe prueba abundante en la Biblia que todo derramamiento de sangre clama a Dios. Después de la muerte de Abel en manos de su hermano Caín, leemos en Génesis 4:10 lo siguiente: *"Y [Dios] le dijo: ¿Qué has hecho? La voz de la sangre de tu hermano clama a mí desde la tierra"*. Es muy claro a partir de esta Escritura que la vida que estaba en la sangre de Abel no cesó después de su muerte, sino que clamó por venganza. Eso tal vez sea algo difícil para que lo podamos entender, pero no existe duda alguna de que Dios nos está diciendo que la sangre inocente clama directamente a Él.

En Hebreos 12:24, el escritor se refirió a la sangre de Jesús por medio de contrastarla con la sangre de Abel y por medio de llamarla en este sentido, *"y a la sangre rociada que habla mejor que la sangre de Abel"*. Aunque la sangre de Abel clamó por venganza, la sangre de Jesús clama por misericordia. Esto es lo que fue simbolizado en los días del Antiguo Testamento, con el propiciatorio que se encontraba dentro de Lugar Santísimo y que era rociado con la sangre de toros y de carneros, cada ocasión que el sumo sacerdote se metía detrás del velo una vez por año. (Véase Hebreos 9:25).

Dentro del velo

El resultado de salpicar la sangre en esta forma era que Dios manifestaba su gloria *Shekina*, y hablaba al sumo sacerdote de en medio de donde se encontraban los dos querubines que cubrían el propiciatorio (Véase Éxodo 25:22). Es muy interesante poder notar que la gloria que era vista, y la voz que era escuchada solamente se manifestaba cuando se usaba la sangre. No era suficiente que el sumo sacerdote tuviera fe en la sangre por la expiación de los pecados del pueblo de Israel para el año pasado; él tenía que usarla. Lo mismo sucede exactamente en nuestros días. Ninguno de nosotros puede entrar en este lugar santísimo (que es el cielo mismo) excepto,

> *Entonces, hermanos, puesto que tenemos confianza para entrar al Lugar Santísimo por la sangre de Jesús, por un camino nuevo y vivo que El inauguró para nosotros por medio del velo, es decir, su carne, y puesto que tenemos un gran sacerdote sobre la casa de Dios, acerquémonos con corazón sincero, en plena certidumbre de fe, teniendo nuestro corazón purificado de mala conciencia y nuestro cuerpo lavado con agua pura.* (Hebreos 10:19–22)

Cuando el sumo sacerdote en el Antiguo Testamento entraba al Lugar Santísimo, hubiera caído muerto instantáneamente, si él no hubiera ofrecido sangre. Por lo tanto, él ofrecía solamente la sangre muy cuidadosamente. Hoy en día en los círculos cristianos, encontramos a muchos que están ofreciendo muchas otras cosas—emociones, obras, *"fuego extraño"* (Levítico 10:1), y diferentes formas de adoración—pero debemos estar conscientes que si vamos a entrar a *"los*

Para entrar al Lugar Santísimo, debemos ofrecer la sangre de Jesús.

lugares celestiales en Cristo Jesús" (Efesios 2:6), debemos hacerlo solamente a medida que ofrecemos conscientemente la sangre de Jesús como nuestro único clamor.

El hecho de clamar la sangre de Jesús significa confesar a Dios que estamos dependiendo completamente en su misericordia. Tal y como ese maravilloso antiguo himno dice,

> Roca Eterna, cuídame,
> Escóndeme en ti
> Que el agua y la sangre,
> De tu costado sangrante fluyan,
> Y que sean la cura para mi pecado,
> Salvo de la ira, y puro en ti.
>
> Nada puedo ofrendar con mis manos,
> Y solo me abrazo a tu cruz,
> Mi pecado desnudo para que tú me cubras,
> Solo dependo de tu gracia,
> Acudo a la fuente sanadora,
> Lávame Salvador para que no me muera.
> (Augusto M. Toplady, 1776)

Cada vez que clamamos la sangre de Jesús, ella de inmediato clama por nosotros, debido a que es la sangre la que habla, tal y como acabamos de ver. La sangre de Jesús declara misericordia desde el propiciatorio en el cielo, donde Jesús se encuentra sentado con su Padre celestial. Esta es la razón por la cual declaramos la sangre de Jesús.

El Poder de la Sangre

Estamos convencidos que toda la iglesia tiene que aprender el valor de usar la sangre de Jesús. Para aquellos que han descubierto este secreto, todo el ámbito del poder de Dios se encuentra abierto, y todos los ángeles del cielo vienen para ayudar y rescatar al hijo o a la hija de Dios que honra, usa, y declara la sangre de Jesús. En verdad, "El Espíritu Santo responde ante la sangre", tal y como el compositor de himnos Charles Wesley escribió en ese y no tan antiguo himno titulado, "Levántate, alma mía, levántate".

Cuatro

La Pascua

El libro de Génesis nos enseña que los antiguos patriarcas ofrecían animales como sacrificios. Abrahán ofreció un carnero en lugar de su propio hijo Isaac (véase Génesis 22:13), y Noe construyó un altar después que había pasado el diluvio, y él hizo ofrenda de cada animal limpio y de cada ave limpia que habían sido salvados del diluvio. (Véase Génesis 8:20). Estos animales para el sacrificio eran algo muy valiosos; nada que fuera barato era suficientemente bueno como un sacrificio digno para Dios.

Muchos podrían haber sugerido que era un desperdicio que se mataran y ofrecieran los animales que Dios acababa de salvar de no ahogarse. ¿Por qué no simplemente arrodillarse y ofrecer una oración de acción de gracias? En forma similar, hoy en día, muchas gentes están sugiriendo que estaríamos mucho mejor si hiciéramos menos énfasis en la sangre de Jesús, y más énfasis en la adoración y en la oración. Al hacer esto, el diablo nos ha engañado a todos. Si pudiéramos ofrecer la sangre de Jesús más frecuentemente, y pudiéramos cortar algunas de nuestras oraciones tan largas, ¡podríamos obtener mejores respuestas y tener menos temor en nuestro corazón! Dios puede recibirnos, y puede recibir nuestra alabanza sólo gracias al fundamento de la sangre de su Hijo Jesús. No existe otro camino para poder entrar a la presencia de Dios.

LOS SACRIFICIOS DE SANGRE COMO REQUISITO

Los hijos de Israel conocían esto en Egipto. Aunque ellos todavía no tenían una ley codificada, sin embargo, la palabra había pasado de generación a generación, en el sentido de que Dios siempre requería de sangre. Los israelitas sabían esto acerca de la sangre debido a que su antepasado Abraham les había enseñado que poseían su existencia como nación debida a la misericordia de Dios a través de suplir un carnero para el sacrificio en sustitución de la vida de su hijo Isaac. Si Isaac no hubiera sido salvado, la nación de Israel no existiría, porque Isaac fue el único hijo de Abraham con relación a la promesa. Por lo tanto, Isaac fue un niño liberado en forma milagrosa, salvado por la sangre de un sacrificio sustituto. A cada israelita se le había enseñado esta historia, y todos entendían la importancia de la sangre.

Dios les enseñó esto en forma mucho más dramática cuando los liberó de la esclavitud de los egipcios. Dios había enviado nueve plagas terribles sobre Egipto, pero Faraón todavía no dejaba ir a los hijos de Israel. Se requirió de la sangre para voltear la batalla a favor del pueblo de Dios.

Dios le dijo a Moisés y Aarón, *"Hablad a toda la congregación de Israel, diciendo: 'El día diez de este mes, cada uno tomará para sí un cordero, según sus casas paternas; un cordero para cada casa'"* (Éxodo 12:3). Tenía que ser un cordero sin efecto alguno, el más caro de todo el rebaño, ninguno que fuera barato o de segunda clase. Tenía que ser el mejor. Cada casa tenía que tener un cordero, y ese cordero iba a contar por toda la casa—un cordero para cerca de quince gentes. Existe una gran verdad aquí para todas las familias cris-

Dios quiere salvar familias enteras.

tianas. Dios quiere salvar a las familias enteras, ¡y todos los cristianos tienen que clamar por la salvación de toda su casa!

Comenzando en Éxodo 12:7 leemos más adelante todas estas instrucciones:

Y tomarán parte de la sangre y la pondrán en los dos postes y en el dintel de las casas

*donde lo coman....Porque esa noche pasaré
por la tierra de Egipto, y heriré a todo primogénito en la tierra de Egipto, tanto de
hombre como de bestia; y ejecutaré juicios
contra todos los dioses de Egipto....Y tomaréis un manojo de hisopo, y lo mojaréis en
la sangre que está en la vasija, y mancharéis con la sangre que está en la vasija el
dintel y los dos postes de la puerta; y ninguno de vosotros saldrá de la puerta de su
casa hasta la mañana. Pues el Señor pasará para herir a los egipcios; y cuando vea
la sangre en el dintel y en los dos postes de
la puerta, el Señor pasará de largo aquella
puerta, y no permitirá que el ángel destructor entre en vuestras casas para heriros.*

(Éxodo 12:7, 12–13, 22–23)

Existe seguridad en la obediencia

Hay varias cosas que tenemos que notar aquí.
En primer lugar, si cualquiera de los israelitas
hubiera hecho una broma de estas órdenes dadas
por Dios a través de un hombre, las cuales no
eran usuales, o si cualquiera hubiera dicho que
Moisés y Aarón estaban locos, y no eran capaces
de guiarlos, ellos hubieran perecido sin ninguna
segunda oportunidad. En segundo lugar, si ellos
hubieran decidido "ir a otra iglesia" donde este
tipo de "basura" no estuviera siendo enseñada,

ellos hubieran perecido. En tercer lugar, si ellos hubieran decidido aventurarse en medio de la noche para ver que estaba sucediendo, aunque hubiera sido por un breve momento, ellos hubieran perecido, porque en ese momento, ellos no hubieran estado todavía "bajo la sangre". En cuarto lugar, si ellos hubieran decidido ofrecer su propia justicia sin esparcir la sangre, ellos hubieran perecido. Finalmente, si ellos hubieran esparcido el agua entintada o la pintura de sangre o algún otra sustancia, esto no hubiera sido suficiente; todos ellos hubieran perecido de igual manera.

Si existieran circunstancias similares y Dios hubiera dado órdenes similares a través de sus siervos hoy en día, ¡muy pocas gentes hubieran considerado obedecer esto! La sangre no es una sustancia que se pueda manejar placenteramente; es completamente antihigiénica en clima caliente, atrayendo moscas y todo tipo de gérmenes. Ningún departamento de salud en esta época moderna autorizaría este tipo de acciones hoy en día. Se necesitaría encontrar una forma más práctica y más deseable, pero por cierto y con toda seguridad, no se trataría de la sangre.

VENCIENDO AL DESTRUCTOR

Debes notar también que cuando Dios analizó todo este escenario, Él no iba a permitir que *"el...*

destructor" entrara en los hogares de los israelitas para visitarlos con la muerte. ¿Quién es este
destructor que fue derrotado completamente por
medio de la sangre de Jesús? Podemos encontrar
la respuesta en el libro de Apocalipsis:

> *Tienen sobre ellos por rey al ángel del abis-*
> *mo, cuyo nombre en hebreo es Abadón, y en*
> *griego se llama Apolión.* (Apocalipsis 9:11)

Tanto la palabra *Abadón*, como la palabra
Apolión en el idioma griego, significan "destructor". Por lo tanto, el gran destructor no es otro
más que el diablo mismo, el rey de los demonios
del abismo sin fondo.

Es muy importante poder entender que el diablo es el destructor. Nada bueno y nada construc-
tivo jamás puede venir de él. El es el autor de la
muerte y de la miseria. Pero la Biblia nos asegu-
ra que Dios es supremo, y que el diablo no puede
traer destrucción y problemas para ninguno de
nosotros, a menos que haya sido permitido por
Dios. Y aún si Dios le otorga este tipo de permiso
al destructor, Dios todavía va a obrar todo esto
para transformarlo en una bendición para ti, si es
que tú eres un cristiano. (Véase Romanos 8:28).
El justo Job recibió tremendas pruebas por parte del diablo. Fue el diablo quien tomó las vidas
de sus hijos, destruyó su ganado, y quemó toda
su casa—pero sólo contando con el permiso de

Dios. Y aún así, Dios obró todo esto para el bien de Job al final: *"Y el Señor restauró el bienestar de Job cuando éste oró por sus amigos; y el Señor aumentó al doble todo lo que Job había poseído"* (Job 42:10).

El diablo es el gobernador de este sistema mundano, y también el príncipe de la atmósfera del aire que por encima rodea esta tierra. (Véase Juan 12:31; Efesios 2:2). Es solamente la misericordia de Dios la que nos protege del poder increíble de este malvado ángel destructor llamado Satanás. Es sólo por medio de la fe en la sangre de Jesús, lo que nos protege del diablo y de todos sus espíritus demoniacos.

SALVANDO FAMILIAS ENTERAS

Si no hubiera sido por la sangre rociada en los postes y las puertas de los hogares de los israelitas, los primogénitos de cada familia hubieran perecido. Aún el ganado fue salvo a través de la sangre. ¡Qué verdad tan maravillosa para todos aquellos granjeros que diezman fielmente hoy en día! Si tú reconoces por medio de la fe que la sangre de Jesús protege tu hogar y tu ganado, ¡entonces lo hará, y el ángel de la muerte será mantenido muy lejos de ti y de todos los tuyos!

Nos han dicho que no es escritural orar por el ganado, ¡pero hemos podido ver vacas y aun perros que han sido sanados por medio de imponerles las manos! Fue alrededor del año 1910 que el reverendo John G. Lake fue confrontado con el reto de orar por un caballo que estaba desangrando al punto de morir en las calles de Johannesburgo en Sudáfrica. El aceptó el reto y comenzó a reprender el flujo de sangre. De inmediato la sangre se detuvo, el caballo se paró en sus patas y sobrevivió. ¿Cómo es que pudo ocurrir este milagro? Por medio de declarar la sangre de Jesús.

Cubriendo a nuestros hijos

He podido ver a muchos bebés que son extremadamente irritables y que muy frecuentemente desgastan a sus madres hasta el punto del cansancio total. Ha sido solamente cuando hemos orado por ellos que fueron liberados. Los bebés y los niños pequeños muy raramente tienen reacciones notorias durante la liberación. Esto se debe muy probablemente a que el demonio no ha penetrado profundamente en la personalidad del niño o de la niña, y por lo tanto, se rinde fácilmente ante las órdenes de autoridad en el nombre de Jesús.

Los demonios también pueden entrar en niños pequeños. Muchos adultos han testificado de alguna experiencia terriblemente aterradora que cuando eran niños pequeños le dio la oportunidad a algún espíritu maligno para que entrara en ellos. Una vez adentro, el espíritu maligno no lo dejaba fácilmente, especialmente cuando esa persona espera cincuenta años antes de comenzar a buscar liberación.

Durante todo este período de tiempo, ese espíritu maligno se mete más y más adentro, en forma mucho más necia, y puede dar otro tipo de síntomas como temor, dolores, artritis, y desórdenes estomacales. Para poder prevenir ese tipo de ataques demoniacos durante la edad infantil, los padres cristianos pueden pedirle a Dios su protección para sus hijos cada noche, y pedirle que sean cubiertos con la sangre de Jesús.[4]

Todo esto nos trae de regreso a la palabra *expiación*, la cual significa "una cubierta o ser cubiertos". Cuando los israelitas rociaron la sangre, tomando el hisopo y esparciendo la sangre sobre los dinteles y los marcos de sus puertas (véase Éxodo 12:22), Dios no permitió que el diablo o sus espíritus demoniacos entraran a sus hogares. Los israelitas fueron cubiertos completamente. El diablo, que es esa criatura que cruje los dientes, estaba atado y lleno de furia, debido a que Dios protegió a los israelitas, porque ellos usaron la sangre. Yo creo que la razón de que tantos cristianos se encuentran débiles, enfermos, y llenos de miedos y temores hoy en día, se debe a que no han sido enseñados con relación a usar la sangre de Jesús como una cubierta o protección.

Experiencias de avivamiento del Pentecostés

En los primeros días del avivamiento pentecostal, entre los años 1908 y 1912, se pudo escuchar mucho acerca de "declarar la sangre de Jesús". La Señora Woodworth-Etter, en sus grandes campañas de liberación en las ciudades de Los Ángeles y Chicago, acostumbraba ponerse en pie con sus manos en alto y por la fe, rociar la sangre de Jesús sobre las multitudes. Los resultados descritos en su libro son fantásticos. La gente venía corriendo al frente del auditorio y caían postrados en sus rostros; muchos eran sanados aún antes de que llegaran al frente; muchos caían hablando en otras lenguas. Tales cantos e himnos como "Estamos bajo la sangre" solían ser cantados muy frecuentemente en aquellos días.

En los primeros días del derramamiento del Espíritu Santo en la Gran Bretaña, se experimentaron maravillosos bautismos en el Espíritu Santo por medio de declarar la sangre de Jesús, y esto ocasionó que gente de todo el mundo viniera a recibir el bautismo en el Espíritu Santo.

Está registrado en el libro del pastor Kent White, titulado *The Word of God Coming Again*

(El regreso de la Palabra de Dios)—el cual ya no se imprime—la realidad de usar la sangre de Jesús por medio de declararla o de clamarla a través de la revelación soberana del Espíritu Santo, en todas aquellas personas que estaban buscando a Dios hambrientamente. Antes de este tiempo, no se le daba mucha importancia, ni existía mucho conocimiento con relación a declarar la

> *Cuando declaramos la sangre de Cristo Jesús, el diablo tiene que huir.*

sangre de Jesús. ¡Incluso una muchacha joven fue escuchada clamando la sangre de Jesús sinceramente debajo de una mesa! Nadie le había enseñado acerca de esto; vino a ella como una revelación directa del Espíritu Santo. Tan pronto como esta verdad fue descubierta por más gentes, el número de todos aquellos que recibían bautismos verdaderos en el Espíritu Santo aumentó grandemente.

Uno de los lugares mejor conocidos donde este tipo de experiencias sucedieron fue en el Parish Hall de la iglesia de Santa María, que se encuentra cerca de Sunderland, en Inglaterra donde el vicario de la Iglesia de Inglaterra A. A. Boddy estaba conduciendo reuniones del Espíritu Santo. Smith Wigglesworth recibió el bautismo en el Espíritu Santo en ese lugar. Sin embargo, después de un tiempo, la práctica de declarar la sangre de

Jesús para el bautismo en el Espíritu Santo se apagó, para ser reemplazada por alabanzas y otro tipo de métodos. Sin embargo, se registró que el número de personas que recibían el bautismo del Espíritu Santo bajó considerablemente, hasta que un hermano de la asamblea escocesa en Kilsyth vino de visita y les urgió para que honrarán la sangre de Jesús, y que la buscarán con todo su corazón nuevamente. De inmediato, el poder de Dios cayó de nuevo, y las gentes caían postradas sobre sus rostros bajo el poder de Dios, hablando en otras lenguas. Incluso el vicario Boddy fue tocado por el poder de Dios.

¿Acaso es de sorprenderse que hubiera milagros poderosos y que todo eso era parte de su rutina en esos días? ¿Acaso es de admirarse que la sanidad divina llegó en esos días como parte de una tremenda revelación? Cuando las gentes comenzaron a declarar la sangre de Jesús, el diablo tuvo que huir. El diablo no puede permanecer delante de la sangre de Jesús, cuando la sangre es honrada.

El arma suprema

Estoy convencido que cuando la gente no puede recibir el bautismo en el Espíritu Santo, esto se debe a que están atados por el diablo. En estos casos, la mejor manera y la forma escritural de tener liberación, es entrando en la presencia de Dios con toda valentía, declarando la sangre de

Jesús en voz alta, abriendo el alma para que la persona pueda recibir el Espíritu Santo.

Algunas personas pueden discutir que ésta no es una práctica escritural para los cristianos del Nuevo Testamento. Pero por favor, permíteme referirte al libro de los Hebreos, donde podemos leer que todos nosotros hemos llegado a *"Vosotros, en cambio, os habéis acercado al monte Sion y a la ciudad del Dios vivo, la Jerusalén celestial, y a miríadas de ángeles,...y a Jesús, el mediador del nuevo pacto, y a la sangre rociada que habla mejor que la sangre de Abel"* (Hebreos 12:22, 24). Esto no se refiere solamente al pasado, sino se refiere a nuestra experiencia en el tiempo presente, *"os **habéis** acercado"*. Es nuestro privilegio actual como sacerdotes del Nuevo Testamento de *"la iglesia de los primogénitos"* (versículo 23) rociar la sangre de Jesús—y no solamente creer que Jesús lo hizo por nosotros en el pasado (lo cual Jesús ciertamente hizo),

> *Como sacerdotes el Nuevo Testamento, tenemos que esparcir la sangre de Jesús.*

sino hacerlo actualmente. Es en el presente que debemos pelear en contra de los principados y potestades, y en contra de los espíritus malignos del diablo (véase Efesios 6:12); rociando y declarando esa preciosa sangre que fue derramada una vez por todos nosotros, y el diablo y todos sus poderes demoniacos deberán huir. Ellos tal vez sean necios, pero los cristianos tienen que ser mucho más necios. ¡Nosotros poseemos las armas supremas y vencedoras!

Debido a que el enemigo es muy persistente, la victoria no siempre llega fácilmente. Algunas veces necesitamos pelear con el arma de la sangre de Jesús en oración por semanas y meses. Pero la victoria es segura. En Apocalipsis 12:11, leemos acerca de los santos que vencieron al diablo *"por medio de la sangre del Cordero y por la palabra del testimonio de ellos"*. Aquí ellos no dan ni la más leve muestra de que existiera alguna posibilidad de fracaso. *"Ellos lo vencieron"*. Y ellos lograron esto por la sangre de Jesús y por su testimonio.

Pedro también nos da muy buenas enseñanzas en este tema. Hemos sido *"elegidos...para obedecer a Jesucristo y ser rociados con su sangre"* (1 Pedro 1:1–2). No consiste en una fe pasiva en la sangre de Jesús, lo que trae la victoria, sino el hecho de esparcir la sangre activamente teniendo fe en ello, y esto tiene que ser hecho por cada creyente que ha sido elegido. Pedro continúa este tema por medio de decirnos que, como sumos sacerdotes, tenemos que *"ofrecer sacrificios espirituales aceptables a Dios por medio de Jesucristo"* (1 Pedro 2:5). Tal como lo sacerdotes ofrecían diariamente sacrificios de sangre a favor de la gente en los tiempos del Antiguo Testamento, de igual manera nosotros hoy en día, en los tiempos del Nuevo Testamento, ofrecemos la sangre de Cristo Jesús ante Dios, como la declaración a favor de nosotros, de nuestros hijos, de nuestros seres amados, ¡y aún de nuestro ganado!

OBEDIENCIA Y EFECTIVIDAD

La Señora Nuzum, que fue una autora pentecostal en la primera parte del siglo veinte, escribió mucho acerca del tema de cubrir a nuestros seres amados con la sangre de Jesús. Yo puedo decirte que aún en mi propia familia, esta práctica ha sido muy útil y muy efectiva en los últimos veinte años. Y de la misma manera, existen muchos otros que testifican lo mismo con relación a su efectividad. Llega una grande paz a la mente, así como respuestas maravillosas, a todos aquellos que practican el uso de la sangre de Jesús como una cubierta o protección.

El destructor no puede entrar en todo lugar donde la línea con la sangre de Jesús ha sido colocada. Pero desafortunadamente, muchas gentes han sido enseñadas en forma equivocada que el diablo jamás puede entrar traspasando esa línea de sangre. A ellos no les han informado que el diablo puede y traspasa, si es que abandonan esa línea de sangre. ¿Y cómo es que podemos abandonarla o descuidarla? A través de nuestra desobediencia.

Muy difícilmente podemos clamar que estamos bajo la sangre de Jesús, si estamos caminando en desobediencia deliberada. Pedro estableció que todos nosotros hemos sido *"elegidos...para obedecer a Jesucristo y ser rociados con su sangre"* (1 Pedro 1:1–2). El hecho de esparcir o declarar la sangre de Jesús sin obedecer a la Palabra de Dios no tiene valor alguno para nosotros. Debes recordar que si uno de los israelitas hubiera salido de su casa tan solo por un momento durante la noche de la Pascua, él hubiera muerto aunque hubiera estado viendo la sangre, ¡simplemente porque la sangre no lo estaba cubriendo en ese mismo instante! El podía haber creído en la sangre correctamente, pero él no estaba honrando esa sangre en obediencia en ese momento. De la misma forma, el Nuevo Testamento nos pone muy claro el hecho de que debemos esparcir la sangre de Jesús en fe y con total obediencia.

Cinco

El cordón escarlata

En el segundo capítulo de Josué, la historia de la ramera Rahab y los dos espías israelitas en la ciudad de Jericó, es un relato asombroso de cómo opera la liberación a través de la sangre. El cordón escarlata fue un regalo de sangre.

Israel había recibido órdenes de ir y tomar esa malvada ciudad, porque todos los habitantes en ese lugar se habían entregado completamente al pecado. Tal vez es muy difícil para nosotros en las ciudades occidentales poder apreciar que tan bajo y que tan depravadas estaban estas ciudades en los tiempos bíblicos. Por ejemplo, la ciudad de Sodoma, que eventualmente fue destruida, estaba en un grado de depravación tan bajo, que aún los ángeles fueron acosados por los hombres de la ciudad, los cuales tenían propósitos de perversión moral en contra de los ángeles. No tenemos razón alguna para creer que Jericó era mejor que Sodoma. Los dos espías encontraron refugio en la casa de una prostituta, y parece muy posible que esta mujer sostenía a su padre, su madre, hermanos y hermanas, por medio de la prostitución. También es altamente probable que sus hermanos eran "proxenetas" y que sus hermanas estaban involucradas en el mismo tipo de negocio. Por lo tanto, estos dos hijos de Dios encontraron refugio en el mejor lugar que ellos pudieron hallarlo—¡en un prostíbulo! ¿No es de imaginar por qué es que Dios deseaba borrar toda memoria de una ciudad tan malvada, quitándola completamente de la faz de la tierra? Y Dios escogió a su pueblo Israel como los instrumentos para este propósito.

Arrepentimiento y fe

Tan pronto como los dos hombres de Dios llegaron a la ciudad, Rahab comenzó a sentir la necesidad de arrepentimiento. Su conciencia comenzó a molestarla en gran manera. Ella había escuchado la fama del Dios de Israel, y una vez confrontada con su culpa, ella confesó su fe en Dios: *"Y cuando lo oímos, se acobardó nuestro corazón, no quedando ya valor en hombre alguno por causa de vosotros; porque el Señor vuestro Dios, El es Dios arriba en los cielos y abajo en la tierra"* (Josué 2:11). Ella les pidió a los dos espías que la ayudaran a mantenerse con vida, porque ya conocía por revelación del Espíritu Santo, que ciertamente el pueblo de Israel iba a ganar la batalla, y que iban a destruir la ciudad de Jericó. Ella quería ser dejada con vida junto con toda su casa. ¿Pero cómo es que esto podría lograrse? *"Dadme una promesa segura"* (versículo 12), ella dijo.

No le tomó mucho tiempo llegar a saber que Dios siempre está dispuesto a revelarse a sí mismo, a todos aquellos que realmente quieren conocerlo. Y estaba dispuesta a cumplir con las instrucciones que le habían dado los dos hijos de Dios. Y también estaba dispuesta a comenzar a vivir un nuevo tipo de vida, teniendo fe en Dios. Por lo tanto, los dos espías le prometieron, por el Dios de Israel, que ellos iban a salvar su vida, y la vida de su padre, de su madre, hermanos, y hermanas—de hecho, de todos aquellos que se encontrarán dentro de toda esta casa que estaba ubicada en el muro de Jericó.

Debido a la fe de Rahab, el Cordero de Dios *"que fue inmolado desde el principio del mundo"* (Apocalipsis 13:8, RVR) se hizo vigente para esta pobre prostituta y para toda su familia pecadora. Tal vez parezca extraño para ti que una mujer de este tipo haya sido salvada, pero la forma como trata Dios con los pecadores ¡siempre es tremendamente increíble! Jesús no tenía simpatía alguna por los sabios de este mundo, ni por todos aquellos que se consideraban justos o religiosos. El vino a salvar a todos aquellos que tenían la necesidad de un médico. (Véase Marcos 2:17). ¡Y aquí tenemos a una pobre mujer que sabía que tenía una tremenda necesidad de Dios, y Él estaba listo para perdonarla inmediatamente!

MANTENIÉNDOSE BAJO LA PROTECCIÓN DE LA SANGRE

Los dos espías recordaron que la sangre que había sido esparcida en los dinteles y en las puertas de sus casas en Egipto, les había sido dada como una promesa segura. (Véase Éxodo 12:13). Esta promesa hablaba y declaraba la sangre de Jesús, que ya había sido derramada en la mente del Padre celestial. Si ellos hubieran podido, estoy seguro que esos dos espías hubieran matado un cordero, y hubieran esparcido su sangre en el hogar de Rahab. Ellos le dijeron que si ella hacía esto, simbólicamente estaba honrando la sangre, y por lo tanto, toda su casa iba a ser preservada y todos sus seres queridos iban a salir de esto vivos, aunque todo el resto de la gente en Jericó pereciera. Pero existía una condición. "Quédate en tu casa", ellos le dijeron. "Si alguien sale fuera, su propia sangre será sobre su cabeza". (Véase versículo 19). Pero se le prometió completa seguridad para todos aquellos que se mantuvieran en la casa, bajo la protección de la sangre.

Esto muestra una fe asombrosa de parte de los dos espías, quienes estaban prometiendo proféticamente una cosa maravillosa. ¡Ellos tenían fe en la sangre! Y la Biblia nos dice que Rahab hizo todo lo que le dijeron en forma simple, pero con una fe absoluta: *"Y ella respondió: Conforme a vuestras palabras, así sea. Y los envió, y se fueron; y ella ató el cordón escarlata a la ventana"* (Josué 2:21). Si, existe una línea de sangre, y el

¿Acaso tu hogar se encuentra bajo la protección de la sangre de Jesús?

gran destructor no puede pasar a través de ella; pero, ¿acaso tú has marcado esta línea alrededor de tu situación personal?

Conocemos bastante bien el resto de esta historia. Los israelitas, dirigidos por los cantores, caminaron alrededor de las paredes de Jericó por siete días. En el séptimo día, ellos caminaron alrededor siete veces. Entonces Dios hizo su parte. ¡Nunca esperes que Dios haga su parte sino hasta que tú has hecho lo que sabes que tienes que hacer! Dios mandó el terremoto. Destruyó las murallas de la ciudad. Los israelitas entonces entraron y le pusieron fuego a la ciudad, matando a diestra y siniestra; pero la sección del muro donde se encontraba la casa de Rahab permaneció intacta. Su casa no fue tocada para nada. Con toda su familia, ella salió de esto viva, y se unió al pueblo de Dios. Los gentiles pueden entrar a la casa de Israel hoy en día por medio de la fe en el

Dios de Israel, y la sangre de Jesús es aplicable para ellos también.

Debes notar en forma muy particular que si Rahab no hubiera sido obediente en todos los detalles que le dieron los espías, ella y toda su familia habrían perecido. Fue la promesa de la línea de sangre la que lo salvó; porque cuando Dios vio este cordón escarlata, Él pasó por encima de la casa y no permitió que el destructor entrara en ella. ¡Todo un milagro! Rahab puso la sangre, no con una fe pasiva, sino con una fe activa, la cual siempre da resultado.

DEDICACIÓN PARA EL SACERDOCIO

Muchos años antes de que esto sucediera, cuando el sumo sacerdote y sus hijos eran ordenados para el sacerdocio, parte de su ordenación incluía tener que poner sangre sobre (1) el lóbulo de su oído derecho, (2) el dedo pulgar de su mano derecha, y (3) el dedo gordo de su pie derecho. (Véase Levítico 8:23–24). Por lo tanto, en forma tipificada, Israel había sido enseñado con relación a que la sangre limpia y santifica todo aquello que entra en el oído del hombre, todo aquello en donde el hombre pone su mano, y todo lugar donde él va a través de todos sus deberes y actividades. Aún si se mete en un antro de vicio (¡no para participar de todos estos vicios!), la sangre va a mantener al diablo fuera de su vida pensante, fuera de su vida de trabajo, y fuera de cualquier lugar adonde él se dirige.

Pero debemos recordar la enseñanza que fue dada por el apóstol Pablo, con relación a que nuestros cuerpos son el templo del Espíritu Santo (2 Corintios 6:16), y que no debemos tocar en forma deliberada ninguna cosa inmunda, y es muy interesante si nos podemos dar cuenta que como *"sacerdotes de Dios y de Cristo"* (Apocalipsis 20:6), también podemos aplicar la preciosa sangre de Cristo a nuestros oídos, dedos pulgares, y a los dedos gordos de nuestros pies, sabiendo que toda nuestra vida por completo—espíritu, alma y cuerpo—*"sea preservado irreprensible para la venida de nuestro Señor Jesucristo"* (1 Tesalonicenses 5:23).

DEBES ACTIVAR TU FE EN LA SANGRE

Permíteme repetir esto, que estoy convencido de que la razón de que tantos cristianos están viviendo vidas tan miserables, llenas de enfermedad y pecado recurrente, se debe a que no se han dado cuenta que debemos cambiar nuestra fe teológica pasiva en la sangre de Jesús, hacia una fe activa, vital en la sangre de Jesús, que la use, la esparza, la declare, y la reconozca en forma efectiva, cada vez que la aplicamos en fe hoy en día, como lo fue en los días de Moisés y de Josué.

Cuando la sangre de Jesús nos cubre, y nosotros sabemos esto—y la hemos colocado por fe sobre nuestro corazón, vida, hogar, y seres queridos—entonces, hemos creado una condición donde Satanás no puede pasar. ¡Mantente debajo de la sangre! Esta es una sustancia que todos los demonios en el infierno no pueden penetrar. Pero esto no sucede en forma automática. La salvación tampoco sucede en forma automática. La sanidad para el cuerpo tampoco viene en forma automática. Ninguna promesa de Dios se obtiene en forma automática, sino que todas las promesas se obtienen a través de la fe y se mantienen por medio de persistir en esa misma fe. No debemos permitir que se deteriore nuestra fe en la sangre de Cristo Jesús. Existe más poder en la sangre de Jesús, de lo que cualquiera jamás se haya imaginado.

Circunstancias de emergencia

En 1945 nació nuestro tercer hijo. Mientras que era un bebé lo alimentábamos por medio de un puré un poco aguado que mi esposa preparaba para él. Entonces este puré era calentado hasta la temperatura de agua hirviente (212° F). A medida que ella llevaba este puré por las escaleras hacia el piso de arriba, llevando la tasa en una mano, y una jarra enorme de agua hirviendo en la otra mano, en su prisa, ella tropezó con un escalón. Pensando en salvar primeramente sus piernas del agua hirviendo, ella se las arregló para colocar la jarra en un escalón en forma segura.

Pero al hacer esto, ella derramó el cereal caliente sobre su brazo, el cual llegó a reposar en el doblez de su codo. Es muy obvio que este puré hirviendo pudo haber producido una quemadura muy mala en un lugar tan sensible como este, causando que la piel se pelara y que toda esa parte se inflamara. Cuando ella limpió el puré, su brazo estaba enrojecido y adolorido. Sin embargo ella tenía que bañar y alimentar al bebé, y no había nadie más para ayudarla. Por lo tanto, mi esposa comenzó a declarar la sangre de Jesús en voz alta varias veces, creyendo que esto también se podía aplicar a su brazo adolorido. Después de unos minutos, el dolor cesó, y ella fue capaz de bañar y de alimentar al bebé. Esa misma noche, lo único que podía verse era una pequeña marca rojiza como del tamaño de una pequeña moneda donde había quedado el centro de la quemadura. Para la mañana siguiente, no había rastro alguno de la quemadura, y no existía ningún enrojecimiento. Su carne y su piel habían sido sanadas perfectamente.

Debemos darnos cuenta que el diablo es el autor de todo el daño que sufrimos en el cuerpo. Los demonios tratan de atacar cualquier parte lesionada de nuestro cuerpo y también inducen gérmenes, los cuales siempre se encuentran alrededor de nosotros, para que impregnen su infección en la carne lesionada y realicen su obra de destrucción y envenenamiento. Pero cuando se aplica la sangre de Jesús por la fe, actúa como una cubierta que impide que el diablo nos ataque con todos esos gérmenes. Por lo tanto, el proceso natural de sanidad en nuestro cuerpo puede hacer su obra rápidamente, debido a que no está obstaculizado por el diablo. La sangre de Jesús es la cubierta más fuerte y el mejor desinfectante que existe en todo el mundo. Es absolutamente perfecta.

SIN UN SOLO RASGUÑO

El poder de la sangre de Jesús se demostró en forma muy viva un día cuando estábamos viajando en Canadá. Teníamos como pasajeros a una pareja muy joven que estábamos trayendo de regreso a Toronto con nosotros. Les habíamos platicado acerca de las verdades maravillosas con relación a declarar la sangre de Jesús. Muy pocos sabíamos, que a medida que manejamos en medio de la lluvia, Dios ya tenía un plan donde íbamos a poder demostrar esta verdad, salvando nuestras propias vidas. Llegamos a un punto alto en la carretera donde golpeamos algunos baches y hoyos. Las ruedas traseras, que se encontraban sujetadas por los resortes rebotaron fuertemente. Literalmente, el automóvil zigzagueó hacia el lado equivocado de la carretera

La sangre de Jesús puede cubrirte en tiempos difíciles.

yendo completamente fuera de control. Antes de que nosotros pudiéramos darnos cuenta, otros tres automóviles se aproximaban a una velocidad aproximada de 60 millas por hora, y nos encontrábamos completamente inútiles para poder evitar un choque terrible. De inmediato, comenzamos a declarar la sangre de Jesús en voz alta.

Nuestros amigos en el asiento trasero, que habían estado profundamente dormidos, se despertaron de repente, dándose cuenta que algo estaba mal. Parecía que un ángel del Señor tomó el control de todo esto. Las ruedas traseras, en forma repentina dejaron de derrapar y comenzaron a tener el agarre normal en la carretera, permitiendo que el automóvil pudiera regresar al lado derecho de la carretera y continuará por el pavimento, dirigido por las ruedas delanteras hacia una cuneta de pasto. Pensamos que podíamos jalar el carro fuera de esta cuneta y ponerlo de nuevo en la carretera. Pero el pasto estaba muy suave debido a la lluvia y nos dimos cuenta que nos habíamos atorado.

¿Qué hacemos ahora? Nos encontramos a salvo, estábamos vivos, pero estamos completamente atorados. Por lo tanto, Dios todavía tenía que hacer más a favor de sus siervos. El ya había dicho, *"Invócame en el día de la angustia; yo te liberaré, y tú me honrarás"* (Salmo 50:15). Por lo tanto fue esto mismo lo que hicimos, y casi de inmediato dos hombres pasaron manejando en un automóvil medio viejo. No dijimos nada, pero uno de ellos dijo, "Podemos empujarlos fuera de esa cuneta". Ellos pusieron sus palabras en acción, y sacaron una cadena de la cajuela de su carro, conectándola con nuestro carro, y nos jalaron seguramente fuera de esa cuneta. Fuimos liberados de la muerte sin siquiera un rasguño en nuestros cuerpos o en nuestro carro. ¿Por qué? ¡La sangre de Jesús nos cubrió porque la declaramos por la fe!

Un espíritu de suicidio

Por ese mismo tiempo, un hermano cristiano que había sido diácono en una iglesia del Evangelio Completo, estaba batallando con un sentimiento muy fuerte que quería urgirlo para que cometiera suicidio. ¿Acaso podría ser posible que un hombre que fue bautizado con el Espíritu Santo—un diácono que era parte de una congregación del Evangelio Completo—que estuviera poseído por demonios?

¿Qué es lo que dirían nuestras escuelas bíblicas al respecto? ¿Qué es lo que diría el pastor de esta iglesia? ¿Qué es lo que cualquier otra persona podría decir? ¡Qué importa lo que todos ellos digan! Yo le dije rápidamente a este hombre afligido que los demonios eran probablemente la fuente de origen de su tormento. Estando tan desesperado, él preguntó qué podría hacer. Recordando una sesión de deliberación muy reciente donde un hombre con asma fue liberado gloriosamente, yo sentí que estaba listo para cualquier cosa que se presentara.

"Hay una cosa que podemos hacer", yo le dije. "Podemos echar fuera esos demonios de suicidio".

"¿Cuándo?" el preguntó.

"Esta misma noche", yo le respondí, ¡lleno de fe y lleno del gozo del Señor! Estaba aprendiendo que yo me encontraba sentado en lugares celestiales en Cristo Jesús, y que me había sido dada toda autoridad sobre las fuerzas demoníacas.

Mi esposa bajó las escaleras hacia el sótano que se encontraba debajo de la cocina, junto con nosotros. Nos sentamos en un lado del cuarto, y este hombre se sentó del otro lado con su esposa. La cocina se convirtió en una arena de batalla espiritual.

Comenzamos por medio de cantar cánticos acerca de la sangre de Jesús, porque no queríamos que estos demonios nos atacaran. No existe nada mejor que un fresco recordatorio del poder contenido en la sangre de Jesús. Los demonios sabían que no tenían poder alguno sobre nosotros. Entonces les dimos la orden.

Nada se compara al poder de la sangre de Jesús.

Para mi asombro, este hombre brincó de la silla, cerca de cincuenta centímetros hacia arriba en el aire. El aterrizó con un golpe seco, y su cabeza se sacudió de un lado para el otro como si fuera un juguete en las fauces de un perro.

Redoblamos nuestras órdenes en el nombre de Jesús, y ordenamos que cualquier demonio de suicidio saliera de inmediato. Después de una hora, muchos espíritus inmundos habían salido gimiendo, tosiendo, vomitando, y retorciéndose. Entonces ellos comenzaron a hablar. Hemos leído acerca de demonios que hablaron con Jesús, pero no conocíamos a nadie que hubiera escuchado a los demonios hablando en nuestros días. Pero ahora sabíamos que esto era algo diferente.

Le preguntamos a los espíritus que tantos otros espíritus todavía permanecían dentro de nuestro hermano, y ellos respondieron, "Veinte". Los contamos uno tras otro a medida que salieron, haciendo una pausa después de cada cinco, y preguntamos otra vez. Asombrosamente, ellos dijeron la verdad, aunque discutieron al respecto, y algunas veces se rehusaban responder. Pero nuestras órdenes presionándolos en el nombre de Jesús les obligaron a decir la verdad.

"Quince". "Diez". "Cinco". El último demonio puso una lucha que duró veinticinco minutos, pero el nombre de Jesús, y su sangre preciosa, junto con una orden llena de autoridad, lo echaron fuera. Finalmente, habiendo sido liberado de todas estas ataduras demoníacas, este hermano reposo su cabeza hacia atrás, y habló en lenguas, glorificando a Dios.

Entonces, él hizo un pacto con Dios; dijo que si en verdad él había sido liberado, le gustaría que Dios le diera el don de profecía. El siguiente domingo alrededor de la mesa de la Santa Cena, este hombre, ya convertido en un vaso limpio, trajo una hermosa palabra profética que edificó a toda la iglesia.

"¿ACASO HAY ESPERANZA PARA MÍ?"

Tal vez la mejor Escritura en este tema es la que da los detalles de la historia de aquel hombre cuya casa fue arreglada, barrida, y limpiada después de que el espíritu maligno había salido de ella. Este demonio no había sido derrotado fácilmente. El andaba vagando alrededor, esperando el momento oportuno para poder regresar. Finalmente, el hombre resbaló en pecado, y el demonio regresó y trajo consigo otros siete espíritus peores que él mismo. (Véase Mateo 12:43–45).

Ponerse a decir que este hombre no era salvo, es mal usar el significado común de las palabras. Obviamente, él era salvo, liberado, y limpio en la sangre; pero escogió caer nuevamente en pecado, y por consecuencia, regreso a su hábito anterior, y otros siete demonios vinieron para adquirirlo.

La posibilidad tan temerosa de este tipo de recaída fue algo que se convirtió en una realidad para mí hace un buen número de años.

El teléfono sonó. "¿Es usted, pastor Whyte?" El mismo hombre que había sido liberado de los veinte demonios en la cocina de nuestra iglesia siete años antes, ahora se encontraba en la línea del teléfono.

"Si", yo contesté. "¿En qué puedo ayudarle?"

"¿Acaso usted se encuentra en el mismo lugar?"

"Sí".

"¿Acaso ustedes todavía tiene el mismo ministerio?"

"Sí".

Él suspiró con alivio, diciendo que Dios le había indicado que me llamara. Él se encontraba atrapado en el pozo del pecado nuevamente. "¿Acaso usted piensa que existe alguna esperanza para mí?" el suspiró. "Me encuentro en medio de un terrible problema".

Yo le asegure que existía esperanza para él, debido a que las misericordias de Dios son nuevas cada mañana. Y por lo tanto él vino a mi oficina.

Su historia era algo muy sórdido, pero era una advertencia para todos nosotros. Después de su liberación tan espectacular, él se cambió del lugar donde vivía, para ir a vivir a unos suburbios.

En la nueva iglesia donde él asistía no creían en todo el Evangelio por completo, y no enseñaban, ni practicaban la sanidad o la liberación.

Un día muy lluvioso, a medida que él manejaba hacia el centro de la ciudad para ir a su negocio en Toronto, él pudo notar a un hombre en la parada del autobús. Con compasión, él invitó este hombre para que se metiera en su automóvil. Este hombre mundano le ofreció a nuestro amigo un cigarrillo. Esta oferta abrió una oportunidad maravillosa para qué nuestro amigo pudiera testificar acerca de la salvación y liberación que hay en Cristo Jesús. Pero no. Al contrario, él tomó el cigarrillo, lo cual probó ser el primer escalón para su infierno en la tierra.

Cada día el recogió a este hombre, y cada día ellos fumaron juntos. Muy pronto, ellos hablaron acerca de ir a tomar unos tragos juntos. Su pecado escaló de la taberna a la pista de carreras, donde ellos apostaban en los caballos. Finalmente, este nuevo amigo le dijo a nuestro hermano, "Te amo".

A medida que escuché la historia de este hombre, muy difícilmente pude creerlo. El tenía una maravillosa esposa, cuatro increíbles hijos, y un buen hogar. Yo los visitaba frecuentemente.

¿Qué clase de poder llevó a este buen hombre cristiano a convertirse en un homosexual, abandonar a su esposa y familia, para llegar a vivir en un solo cuarto con otro hombre? La psicología no puede explicar esto. Fue el diablo obrando a través de los demonios que se metieron ahí nuevamente.

Mucho peor que antes

La teología explica que ningún cristiano puede tener un demonio. Pero yo recordé la forma como Dios había liberado a este amado hermano de un demonio de suicidio siete años antes. ¿Cómo es que este hombre lleno con el Espíritu Santo había obtenido un demonio de suicidio en primer lugar? ¿Y qué podemos decir de los demonios que estaban en él en este momento presente?

Yo sabía que sólo existía una sola respuesta posible. Él había llegado a este estado tan miserable, por medio de desobedecer las palabras de la Escritura: *"Ni deis lugar al diablo"* (Efesios 4:27, RVR). Él había permitido que el diablo ocupara el territorio que previamente había sido ocupado por el Espíritu Santo.

Este hombre destrozado se derrumbó en una silla después de su confesión agonizante. Él había llegado hasta el fondo del barril del pecado, pero estaba listo para ser rescatado nuevamente.

Sin retraso alguno, di la orden. "¡Salgan ahora mismo, en el nombre de Jesús!" Este hombre estaba listo. Los demonios miserables comenzaron a salir de él continuamente con una tos y con una sensación de ahogarse. Sin que yo tuviera que preguntarles nada, ellos dieron sus nombres a medida que salían. Concupiscencia, suciedad, putrefacción, perversión, maldición, etc. En veinte minutos él se encontraba completamente libre otra vez.

Cuando todo había terminado, me di cuenta que había podido ver el cumplimiento de las palabras de Jesús, que dijo:

> *Cuando el espíritu inmundo sale del hombre, pasa por lugares áridos buscando descanso y no lo halla. Entonces dice: "Volveré a mi casa de donde salí"; y cuando llega, la encuentra desocupada, barrida y arreglada. Va entonces, y toma consigo otros siete espíritus más depravados que él, y entrando, moran allí; y el estado final de aquel hombre resulta peor que el primero. Así será también con esta generación perversa.* (Mateo 12:43–45)

Esto explicó lo que le había sucedido este hombre. Después de su primera liberación, su "casa" había sido limpiada, barrida, y puesta en orden, pero él no la había mantenido llena con el nuevo visitante, el Espíritu Santo. Su casa había quedado vacía, y por lo tanto, el espíritu de suicidio pudo regresar. Sin embargo, este espíritu también trajo consigo siete de sus amigos inmundos, y ellos también entraron junto con él. ¡En qué clase de desastre se puede meter un cristiano por medio de caer en el pecado! Pero gracias a Dios que la liberación se encuentra disponible para todos aquellos que puedan doblar sus rodillas a Jesús, y pedirle perdón por sus pecados, pidiéndole también que entre en sus vidas.

Restaurado completamente

Siete años más tarde, tuve un encuentro con este mismo hermano en cierta iglesia. De inmediato le pregunté cómo estaba. Muy gozosamente me pudo decir que después de su segunda liberación, él regreso a casa e hizo una confesión completa a su esposa y a su familia. Ellos lo perdonaron y lo recibieron en una completa restauración. Entonces, Dios comenzó a prosperar su negocio, y él pudo comprar una casa mucho más grande. Él está manteniendo su casa bien limpia con la sangre de Jesús, y los demonios habían huido en forma permanente.[5]

El valor de la sangre

Cualquier intento para tratar de poner un valor a la sangre de Cristo Jesús sería imposible. ¡No hay valor alguno que se pueda comparar con ella! Podemos aprender lo que dice en 1 Corintios 6:20 que *"Pues por precio habéis sido comprados"*, y es el precio de la sangre de Jesús, la cual Pedro llama *"preciosa"*. ¿Acaso puedes recordar cómo es que él dijo, *"Sabiendo que no fuisteis redimidos de vuestra vana manera de vivir heredada de vuestros padres con cosas perecederas como oro o plata, sino con sangre preciosa, como de un cordero sin tacha y sin mancha, la sangre de Cristo"* (1 Pedro 1:18–19)?

EN LA DEDICACIÓN DEL TEMPLO

Cuando el templo fue dedicado en el monte Moriah, la cantidad de animales que fueron sacrificados fue sorprendente. Antes que el arca del pacto fuera traída, está registrado que el sacrificio de las ovejas y de los bueyes *"no se podían contar ni numerar"* (1 Reyes 8:5). La Escritura nos cuenta más adelante que se realizó una ofrenda de paz a favor de toda la nación de Israel, y está registrado que fueron sacrificados 22.000 bueyes y 120.000 ovejas, y que *"Salomón...dedicaron la casa del Señor el rey y todos los hijos de Israel"* (1 Reyes 8:63). Más adelante debemos recordar que solamente el sacrificio de animales era aceptado como sacrificio por los levitas. Ningún tipo de animales o sacrificios (de segunda clase) eran suficientemente buenos. ¿Acaso esto no suena como algo ridículo, y como un desperdicio que no tiene sentido alguno? ¿Acaso no hubiera sido suficiente solamente ofrecer una oveja pequeña o una oveja que fuera barata? Seguramente que sí, si es que acaso Dios sólo quería mantener el simbolismo correcto, ¡una pequeña oveja hubiera sido suficiente para tipificar al cordero de Dios que tomó en sí mismo los pecados de todo el mundo!

Pero no, 22.000 bueyes, que equivalían a un valor de cientos de dólares cada pieza, y 120.000 ovejas tenían que morir. Al hacer esto, yo creo que Dios está tratando de imprimir en todos nosotros que el valor de la sangre no puede ser medido en dólares, centavos, o galones. Ninguna cantidad de sangre de los animales en el Antiguo Testamento hubiera sido suficiente para la expiación de tus pecados o los míos. En el día de la expiación, la sangre de los animales sacrificados fluía continuamente por el altar durante muchos días, como señal de la promesa hecha a los habitantes de Jerusalén, de que cuando Dios iba a hacer que su Hijo muriera en sacrificio, iba a abrir una fuente que estaba destinada a fluir para siempre. (Véase Zacarías 13:1). Este es un río que fluye continuamente don-

Ninguna cantidad de sacrificios de animales podría jamás haber sido la expiación por los pecados.

de podemos sumergimos diariamente para lavar nuestros pecados, nuestras enfermedades y todos nuestros sufrimientos. Esta corriente fluye incluso delante del diablo y todas sus huestes; y a medida que oramos esta corriente de sangre, cantamos acerca de ella, hablamos acerca de ella, y la declaramos en voz alta, la sangre de Jesús clama por misericordia, perdón, sanidad, protección, liberación y una paz y gozo que son multiplicados.

SACRIFICIOS DIARIOS

No es suficiente el hecho de creer en la sangre histórica del Calvario. Es necesario que creamos en esa fuente actualmente, y que por fe nos apropiemos de su poder y vida. Amor sólo es una palabra hasta que llega a ser demostrada; y de igual manera, la sangre de Jesús solamente es una palabra hasta que llegamos a usarla. La munición en un arsenal es inútil almacenada allí solamente. Deben tomarla y usarla para poder aterrorizar al enemigo. El ejército del Señor Jesús carece de poder hasta que comienza a usar sus armas, las cuales son *"poderosas en Dios para la destrucción de fortalezas"* (2 Corintios 10:4). Las armas principales son la espada del Espíritu Santo, la cual es la Palabra de Dios, y la sangre de Jesús, porque leemos en Apocalipsis 12:11 lo siguiente: *"Ellos lo vencieron por medio de la sangre del Cordero y por la palabra del testimonio de ellos, y no amaron sus vidas, llegando hasta sufrir la muerte"*. Necesitamos la Palabra de Dios y la sangre de Cristo.

Debemos recordar que los sacrificios de sangre realizados por el rey Salomón no terminaron con la necesidad de los sacrificios. Éstos eran sacrificios que se realizaban diariamente, para recordarle a la gente del poder y eficacia presente en la sangre. Las sobras del día de ayer no eran aceptables.

Tenemos el mismo concepto a través del maná, el cual nos habla de la Palabra de Dios. Tenía que ser recogido ese mismo día mientras que todavía estaba dulce y listo para usarse. De igual manera, la sangre de Jesús está fresca y dulce hoy en día—y no se encuentra muerta, ni coagulada. El uso diario del derramamiento de sangre traería a nuestros hogares el valor tan tremendo que Dios coloca en la sangre: *"Sin derramamiento de sangre no hay perdón"* (Hebreos 9:22).

EL SIMBOLISMO DE LOS SACRIFICIOS DEL ANTIGUO PACTO

Los sacrificios de sangre eran tremendos, y ellos deberían probarnos, el profundo significado y valor de la sangre del Cordero de Dios. El gran día de la expiación, que se llevaba a cabo anualmente, donde el carnero era llevado al desierto, tenía un gran significado tipificando a Cristo Jesús, quien tomó la condenación y la maldición del pecado sobre sí mismo, y lo llevó a un lugar desierto para no ser visto jamás nuevamente. (Véase Levítico 16:10, 21–22).

La ofrenda por el pecado representaba el pacto que había sido roto entre Dios y el hombre, lo cual fue causado por la caída original del hombre en pecado. De nuevo podemos ver que Dios y el hombre pueden ser reconciliados solamente por la sangre. Se hacían sacrificios diariamente por las mañanas y por las noches, con una ofrenda doble que se quemaba en el día sábado, así como otra ofrenda quemada en los días de fiesta o que también eran llamados los sábados especiales. Todo esto nos tipifica a Cristo Jesús, quien sometió completamente su vida por medio derramar su sangre—un sacrificio perfecto hecho en nuestro lugar, y este sacrificio fue consumado en el fuego ardiente de los más grandes sufrimientos, los cuales Jesús padeció por todos nosotros.

El valor de la sangre también es enseñado a través del gran número de corderos sacrificados en la observancia anual de la Pascua. En este evento anual, la cabeza de cada familia sacrificaba un cordero para sacrificio delante del Señor.

Jesús fue el sacrificio perfecto en nuestro lugar.

De acuerdo a los escritos de José como (*Las Guerras* VI, 9, 3) diez gentes era el número mínimo, y veinte gentes era el máximo número permitido de individuos que podían participar de un cordero de Pascua. Se sacrificaba un cordero para quince gentes como promedio a través de toda la nación, entonces, para el total de 2.5 millones de gentes que existían en el tiempo del éxodo, más de 160.000 corderos fueron sacrificados en esa noche histórica, cuando las ataduras de Egipto se rompieron ante el poder de la sangre.

En el tiempo de Salomón, la población había crecido a los cinco o seis millones de gentes, y por lo tanto, el número de corderos era mucho mayor, tomando en cuenta a todos aquellos que eran capaces de participar, y bien puede ser estimado en un número aproximado de 400.000. ¿Qué dirían los granjeros tan sofisticados de nuestros días, si se requiriera este número de animales hoy en día para sacrificio cada año? Pero gracias a Dios que podemos leer en 1 Corintios 5:7 que *"Cristo, nuestra Pascua, ha sido sacrificado"* por nosotros. Ya no tenemos que esperar a tomar un cordero por cada quince gentes y ofrecer su sangre por nuestros pecados y enfermedades, porque Cristo Jesús tomó nuestro lugar y se convirtió en el cordero de nuestra Pascua. Ahora solamente aceptamos este sacrificio singular, puro y perfecto. (Véase Hebreos 10:9–14), y ofrecemos su sangre por medio de la fe.

Si cada cristiano que declara el nombre de Jesús, declarara la sangre preciosa de Jesús cada día—en voz alta—yo creo que el resultado sería catastrófico en el reino de Satanás, y se sentiría una gran liberación en toda la iglesia y en toda la nación.

GUARDANDO TU LIBERACIÓN QUE FUE COMPRADA CON LA SANGRE DE JESÚS

Sin embargo, necesita enfatizar el hecho de que cualquier liberación que es realizada a través de la declaración de la sangre, sólo puede ser mantenida a medida que las partes cumplen con las condiciones para mantener esa liberación. Un ejemplo asombroso de esto sucedió en la ciudad de Cadillac, estado de Michigan, donde yo estaba conduciendo unos servicios especiales. Una noche, una mujer cristiana llena de compasión trajo consigo una niña de cuatro años de edad cuyos ojos sufrían de un excesivo estrabismo.

"Hermano Whyte", ella dijo, "los padres de la pequeña no son creyentes. ¿Podría usted orar por sus ojos? Tal vez si Dios sana a esta pequeña, sus padres podrían despertar a la verdad".

Removimos los anteojos de la niña y oramos por ella. Yo eche fuera esa maldición por medio de declarar la sangre de Jesús. De inmediato sus ojos se alinearon, ante el asombro de todos los que se encontraban presentes. No hay necesidad de decir que había muchos ojos llenos de lágrimas en esa congregación a medida que esta pequeña niña, que previamente solo podía ver imágenes dobles, caminó por toda la iglesia diciendo, "¡Puedo ver sólo uno! ¡Puedo ver sólo uno de cada cosa!"

> *No se puede mantener la liberación sin la sangre.*

Sin embargo, cuando esta generosa mujer cristiana llevó esa niña de vuelta con sus padres incrédulos, y les contó lo que había sucedido, ellos rehusaron creerlo.

"¡Ponte esos anteojos otra vez!" su padre le dijo la niña. "¡No vamos a admitir nada de esas tonterías en esta casa!" Y forzaron a la niña a que usara los anteojos. Por medio de su incredulidad, ellos destruyeron la fe de esa niña pequeña, y después de un tiempo, sus ojos volvieron a sufrir de un grave estado de estrabismo.

Es muy claro que ningún tipo de liberación puede mantenerse, si no nos mantenemos bajo la sangre de Jesús Pero mientras que nos mantengamos bajo la sangre de Cristo, por medio de la fe y la obediencia, el diablo no puede penetrar esta línea de sangre. ¡Por esto es que dije que la sangre de Jesús tiene un valor infinito!

UNA OFRENDA SINGULAR

Es imposible poder computar la cantidad de sangre que se derramó durante los 1500 años de la historia de Israel bajo el antiguo pacto. Nada podía obtenerse de Dios, excepto bajo el fundamento del sacrificio de sangre, y nada puede ser obtenido actualmente, excepto bajo el fundamento de la sangre de Jesús, la cual fluye como una corriente sanadora para el espíritu, alma, y cuerpo del ser humano.

Muy poco tiempo después de la resurrección de Jesús, Él se apareció a María, antes de aparecerse a nadie más, y le dijo, *"Suéltame porque todavía no he subido al Padre"* (Juan 20:17). Bajo la ley de Israel, un sumo sacerdote no podía ser tocado por la gente justo antes de entrar al lugar santísimo con la sangre de animales; era sólo después de que había ofrecido la sangre que ya había sido aceptada delante del propiciatorio, que la gente común y corriente podía tocarlo nuevamente.

De igual manera, Jesús como el Sumo Sacerdote no podía ser tocado por manos humanas hasta que hubiera ascendido a su Padre celestial, y hubiera ofrecido su sangre ante el trono de Dios. (Véase Hebreos 9). Asumimos que esto fue hecho en algún momento después de que Él se apareció a María, porque cuando Jesús se apareció a los otros discípulos pocos días más tarde, Él dijo, *"Mirad mis manos y mis pies, que soy yo mismo; palpadme y ved, porque un espíritu no tiene carne ni huesos como veis que yo tengo"* (Lucas 24:39). Por lo tanto, aparentemente, el esparcimiento de su sangre ya se había completado para este momento.

Entrar confiadamente

Sabemos que el sumo sacerdote entraba una vez cada año al lugar santísimo con sangre. (Véase Hebreos 9:7–14). Si él hubiera entrado al lugar santísimo sin sangre alguna, hubiera muerto en forma instantánea. Sin embargo, la ofrenda y el esparcimiento de la sangre en el propiciatorio hacían que la milagrosa gloria de Dios o *shekinah* iluminarán completamente ese cuarto oscuro, y entonces Dios entraba a tener comunión con el sumo sacerdote encima del propiciatorio. (Véase Éxodo 25:22).

El valor de la sangre

Para cumplir con esa tipología, leemos acerca de Jesús, quien, *"y no por medio de la sangre de machos cabríos y de becerros, sino por medio de su propia sangre, entró al Lugar Santísimo una vez para siempre, habiendo obtenido redención eterna"* (Hebreos 9:12). La forma como Jesús transportó su propia sangre preciosa desde el Calvario hacia el cielo no puede ser entendida por los hombres mortales, pero la Escritura muestra que Él cumplió con esta tipología, y por lo tanto, Él tenía que rociar o esparcir su propia sangre sobre el propiciatorio (el trono de Dios) en el cielo. Esta sangre fue aceptada. Ningún otro sacrificio hubiera sido suficiente excepto la preciosa sangre de Jesús.

Ahora, tú y yo podemos entrar directamente al lugar santísimo del cielo cada vez que lo deseemos. Cada vez que tenemos una necesidad, ya sea que se trate de liberación o de ser bautizados en el Espíritu Santo, podemos entrar en el lugar santísimo del cielo. Pero, ¿cómo es esto? ¿Sin sangre? ¡Mil veces digo no! Solamente podemos entrar con la preciosa sangre de Jesús.

Entonces, hermanos, puesto que tenemos confianza para entrar al Lugar Santísimo por la sangre de Jesús,...acerquémonos con corazón sincero, en plena certidumbre de fe, teniendo nuestro corazón purificado

*de mala conciencia y nuestro cuerpo lava-
do con agua pura.* (Hebreos 10:19, 22)

NUESTRO VALOR EN CRISTO JESÚS

Jesús dijo, *"Yo soy...la vida"* (Juan 14:6). El cristianismo no consiste en una imitación de la vida de Cristo (incluso si esto fuera posible). Tampoco consiste en estar obedeciendo "a tu iglesia". No consiste en una vida de reclusión en un monasterio donde tengamos que estar suprimiendo nuestros deseos y apetitos naturales. Es una vida de abundancia para el espíritu, el alma, y el cuerpo. Jesús dijo que Él vino para darnos vida, y para dárnosla en abundancia (Juan 10:10). Jesús vino para tomar esa vida cansada, oprimida y cautiva, y para llenarla con su abundancia sobrecogedora. ¿Acaso podríamos imaginarnos a Adán estando enfermo, deprimido, miserable, débil, y temeroso, en el jardín del Edén?

Jesús vino para devolvernos todo aquello que Adán perdió, y tal como hemos visto, aún mucho más, bajo el nuevo pacto en su sangre. Estar en la vida abundante significa exactamente lo que está declarado para cada hijo e hija de Dios: que cada uno que se acerca al propiciatorio, de inmediato va a contar con cada bendición que está mencionada en la Biblia, y existen miles de ellas. Vida abundante—lo cual incluye gozo, paz, fortaleza, salud, y prosperidad—está acreditado a tu cuenta en el cielo por medio de Cristo Jesús. *"Y mi Dios proveerá a todas vuestras necesidades, conforme a sus riquezas en gloria en Cristo Jesús"* (Filipenses 4:19).

Desafortunadamente, cuando un hijo de Dios se aventura dentro del banco celestial, después de haber tocado a la puerta tímidamente, en lugar de meterse valientemente, tal y como si él fuera el dueño de ese lugar (¡y en realidad lo es!), normalmente se acerca en forma muy cautelosa disculpándose por todo lo que está haciendo, dirigiéndose a alguno de los empleados del banco, mostrándoles un cheque con una cantidad muy pequeña, ¡y francamente se pregunta si acaso ese cheque va a poder ser pagado! Esto no es una exageración con relación a la forma en que algunos hijos de Dios se acercan en oración al trono de la gracia. En lugar de esto, mejor deberíamos escribir "un millón" o incluso "dos millones" porque esto ya nos pertenece como herederos de Dios.

Podemos acercarnos a Dios confiadamente, como sus herederos.

Debemos entrar confiadamente al Lugar Santísimo *"por un camino nuevo y vivo que Él inauguró para nosotros por medio del velo, es decir, su carne"* (Hebreos 10:20), y declarar la sangre de Jesús como la razón y motivo de que podemos esperar bendiciones fantásticas. El mundo utiliza la palabra *pago* o *compensación*. Nuestro pago o compensación incluye todo en el momento mismo en que nos atrevemos a disfrutarlo por medio de la fe. La sangre de Jesús compró toda bendición redentora para nosotros.

"Pero no me siento digno de sus bendiciones". ¿Quién dijo eso? Esto es completamente opuesto a la verdad; es una mentira del diablo. *"Pero tienes unos pocos en Sardis que no han manchado sus vestiduras, y andarán conmigo vestidos de blanco, porque son dignos"* (Apocalipsis 3:4). Jesús nos hace dignos en Él. Mientras que permanecemos en Cristo, y permitimos que sus palabras habiten en nosotros, entonces seguiremos caminando, y siendo dignos de todas sus bendiciones abundantes. (Véase Juan 15:7). Aunque estas bendiciones maravillosas están a nuestra disposición en la cruz a través de la sangre de Jesús que fue derramada, cada promesa tiene que ser apropiada por medio de nuestra fe personal, y no por la fe de alguien más; ninguna promesa de Dios es investida o impartida automáticamente en nosotros. Debemos apropiárnoslas por fe.[6]

"Levántate, alma mía, levántate"
POR CHARLES WESLEY, 1742

Verso 1
Levántate alma mía, levántate,
Sacúdete tus temores llenos de culpa;
El sacrificio sangriento,
Aparece a favor mío;
Mi seguridad permanece delante del trono,
Mi seguridad permanece delante del trono,
Mi nombre está escrito en sus manos.

Verso 2
El vive para siempre en el cielo,
Para interceder por mí;
Su amor redentor,
Su sangre preciosa debo declarar;
Su sangre expió a toda raza,
Su sangre expió a toda raza,
Y ahora rocía el trono de gracia.

Verso 3
El lleva cinco heridas sangrantes,
Recibidas en el calvario;
Ellas derraman oraciones efectivas,
Ellas interceden fuertemente por mí:
"Perdónalo, perdónalo," ellas exclaman,
"Perdónalo, perdónalo," ellas exclaman,
"No permitan que ese pecador rescatado perezca".

Verso 4

El Padre escucha al Hijo orar,
Su Amado y Ungido;
Él no puede rechazar
La presencia de su Hijo;
El Espíritu Santo responde ante la sangre,
El Espíritu Santo responde ante la sangre,
Y me dice que he nacido de Dios.

Verso 5

Mi Dios me ha reconciliado;
Su voz perdonadora puedo escuchar;
Él me posee como su hijo;
Ya no tengo que temer.
Con confianza me acerco a Él,
Con confianza me acerco a Él,
Y clamo "Padre, Abba, Padre".

Siete

Como declarar la sangre de Jesús

En el principio del derramamiento del Espíritu Santo en la Gran Bretaña, alrededor del año 1908 o 1909, fueron creadas muchas congregaciones pentecostales independientes. En esas reuniones, había muchas evidencias de una nueva vida espiritual, llena de poder. Y debido a que no existía una organización legislativa atando a todas estas congregaciones en un solo movimiento, los cristianos en forma individual, aprendieron a depender solamente en el mover del Espíritu Santo, y de los diferentes dones y operaciones del Espíritu Santo. El Espíritu Santo comenzó a moverse en una forma nada usual, debido a que no existía concilió alguno o junta directiva que revisara, o que forzara cualquier tipo de limitaciones en aquellos cristianos.

Muchos de los creyentes que habían sido bautizados recientemente en el Espíritu Santo, y que todavía tenían la gloria del *shekinah* sobre ellos, tenían la costumbre de declarar la sangre de Jesús en fuertes repeticiones, en contra de todo aquello que estaba sobrecargando sus corazones: parientes que no eran salvos, problemas en el hogar, problemas en la nación. Habiéndose dado cuenta que tenían completo acceso al trono de Dios, ellos entraron confiadamente con la sangre de Jesús. Todos aquellos que buscaban el bautismo en el Espíritu Santo recibían ayuda en forma muy especial por medio de hacer todo esto. Y también se creía que el hecho de declarar la sangre de Jesús era un arma muy poderosa en contra de los espíritus malignos que ofrecían oposición para las respuestas de las oraciones.

Entrando en batalla

"¿Acaso éste último punto es escritural?" Tú tal vez te estés haciendo esta pregunta. Bueno, no debemos olvidar que tan pronto como Daniel comenzó a orar por la liberación de su pueblo, le tomó tres semanas de "batalla en las rodillas" mientras que los arcángeles Miguel y Gabriel estaban combatiendo en los lugares celestiales en contra de los príncipes de maldad. De la misma manera, hoy en día, muy frecuentemente tenemos que pelear con fuerzas demoníacas invisibles, antes de que podamos obtener las respuestas a nuestras oraciones. El hecho de declarar la sangre de Jesús va a causar consternación y confusión en las fuerzas malignas opositoras, que muy frecuentemente tratan de retrasar las respuestas de Dios. Yo creo que cuando declaramos la sangre de Cristo, esto tiene un lugar principal en toda la oración de intercesión.

Debes estar seguro que cada vez que una persona comienza a declarar la sangre de Cristo en voz alta y fuerte, va a existir gente que se va a levantar en oposición. El hecho de declarar la sangre de Jesús conmociona a todos aquellos cristianos caídos, y ofende la carne que no ha sido crucificada del creyente carnal. Pero a pesar de la oposición, el uso de la sangre de Jesús va a limpiar cualquier iglesia o cualquier grupo de oración, y va a abrir camino para la operación de los dones del Espíritu Santo. ¡Oh, que grandioso es el poder de la sangre de Jesús!

INFUSIONES DE VIDA

Debido a que la vida de Jesús se encuentra en su sangre, si la declaramos, la honramos, la esparcimos, y cantamos acerca de ella, en realidad estamos introduciendo la vida de la Trinidad en nuestra adoración. Nuestras oraciones y peticiones se cargan, llegando a estar saturadas con la vida y poder de Jesús. Por eso no debemos sorprendernos de que el diablo va a hacer todo lo que pueda para suprimir la enseñanza práctica acerca de la sangre de Jesús. Él odia esto más que cualquier otra cosa.

El Poder de la Sangre

Tal vez tú has podido notar que los incrédulos, o personas que no creen en Jesús, y que se encuentran controlados por espíritus malignos, muy frecuentemente nombran el nombre de Jesús en blasfemia. ¿Pero acaso alguna vez has escuchado a alguna persona que está bajo la influencia de demonios blasfemar la sangre de Cristo Jesús? Probablemente no. Esto se debe a que los demonios no pueden y no se atreven a hablar acerca de la sangre de Cristo Jesús. He tenido experiencia práctica en el sentido de que cuando la gente no es capaz de declarar la sangre de Jesús en voz alta, esto es una señal de que ellos necesitan fuertes oraciones de liberación, debido a que se encuentran atados por espíritus que los han cegado, y que no les permiten decir o mencionar "la sangre de Jesús".

Me gustaría enfatizar en forma muy especial la importancia de declarar la sangre de Jesús para el bautismo en el Espíritu Santo. Yo me siento obligado a hacer esto, debido a que existen tantos procedimientos tan diferentes prescritos por tantos grupos tan diferentes, y sin embargo, mucha hay gente hambrienta que han estado buscando, y que han intentado todos estos métodos, y todavía no han recibido el Espíritu Santo. ¿Acaso no es extraño que todos hemos olvidado que no podemos recibir nada de Dios a menos que sea a través de su misericordia y de la sangre derramada de Jesús?

Como declarar la sangre de Jesús

El pastor A. A. Boddy de Sunderland, en Inglaterra, cuando regresaba de un viaje de un derramamiento pentecostal en Noruega, dijo que en ningún lugar de Europa donde él había estado, había podido ver que la gente recibiera el bautismo en el Espíritu Santo tan fácilmente y en forma tan maravillosa, como lo fue por medio de declarar la sangre de Jesús. Éste método fue introducido en las reuniones de Boddy en Parish Hall, y la gente incluso viajaba cruzando el Atlántico, para poder recibir esta experiencia pentecostal, por medio de declarar la sangre de Jesús—aunque ellos no habían podido recibir el Espíritu Santo anteriormente por otros medios que se empleaban en ese entonces.

YENDO A LOS EXCESOS O EXTREMOS

Me he dado cuenta que han sido introducidos muchos métodos no escriturales para recibir el bautismo en el Espíritu Santo, por medio de gentes que tienen buenas intenciones y que son muy entusiastas. Algunos han sugerido que mientras más ruido hagamos, más poder vamos a obtener; otros han levantado una gran emoción carnal golpeando los asientos en las iglesias, las sillas, o incluso el piso, como una manera de tratar de atraer la atención de Dios. Algunos han pensado que Dios se sentiría muy agradado si ellos en forma deliberada ruedan por el piso. Estas son algunas de las exageraciones o excesos que han traído grande reprobación sobre la obra del Espíritu Santo. Sin embargo, tenemos que admitir, que la venida del Espíritu Santo muy frecuentemente va a hacer que la gente se caiga al piso "bajo el poder de Dios", ¡pero esto es completamente diferente de tirarse uno mismo deliberadamente al piso como demostraciones para el bautismo! Nos han dicho que mientras más tiempo uno espera, hora, agoniza, y ruega por el bautismo en el Espíritu Santo esto es mucho mejor para la persona que lo hace, debido a que está obrando algo dentro de la persona que ningún otro tipo de ejercicio espiritual puede lograr. Pero en este tipo de razonamiento, ¿acaso no estamos olvidando que el bautismo es un regalo gratuito?

El bautismo en el Espíritu Santo es un regalo gratuito.

Ahora, vamos examinar la enseñanza escritural acerca de este asunto. ¿Quien imparte el bautismo en el Espíritu Santo? Ninguno otro sino Jesús mismo. (Véase Mateo 3:11). ¿Y dónde se encuentra Jesús? Porque Él se encuentra en el cielo a la mano derecha del Padre celestial. (Véase 1 Pedro 3:22). Por lo tanto, obviamente, si nosotros recibimos este don no merecido en forma gratuita (derivado del griego *dwrea*, que significa un regalo o don que no merecemos), debemos acudir a aquel que lo hizo posible para nosotros, y que lo da a toda persona que lo pida en fe, sin ninguna espera, y en cualquier momento. Si acaso existe algún tiempo de espera, esto tiene que ver con nuestra parte, y no con la parte de Él. Nuestro punto de vista está completamente equivocado si es que acaso pensamos que tenemos que esperar. La Biblia nos enseña que todos los creyentes son ahora reyes y sacerdotes (véase Apocalipsis 1:6), y que podemos entrar cada vez que lo deseemos. No existe ninguna lista de espera, pero tenemos que entrar a través de su sangre.

Lo más simple es mucho mejor

Permítanme compartir con ustedes un método muy simple para poder recibir el bautismo en el Espíritu Santo, el cual yo comparto en todas partes con los creyentes que lo están buscando. En primer lugar, es muy importante que tú relajes todos los músculos de tu cuerpo. Tienes que deshacerte de toda la tensión y de toda la incertidumbre. El bautismo en el Espíritu Santo es la obra de Jesús, y no existe razón alguna para que estés tenso o nervioso. Una vez hecho esto, cierra tus ojos y levanta tus manos en adoración y alabanza; siéntate cómodamente, y toma la preciosa sangre de Jesús, y declararla con tus labios y con tu lengua, convirtiéndola en una declaración insistente. Debes ser positivo y debes tener fe de que lo vas a recibir.

Por supuesto, tienes que hacer todo esto en una fe sencilla y reverente, estando expectante de que nuestro Dios santísimo nos recibe en la presencia de su Hijo, sólo si clamamos su sangre preciosa. El resultado de este método para buscar el bautismo en el Espíritu Santo es maravilloso. En pocos segundos o minutos, el Espíritu Santo comienza a responder ante el clamor de la sangre de Jesús. Todos los espíritus de oposición comienzan a retirarse, y se abre un camino entre el cielo y la tierra, haciendo que muy pronto la gente se encuentre completamente inundada de la gloria de Dios. La cosa más natural que las gentes hacen en este punto es soltar sus cuerdas vocales y comenzar a hablar en otras lenguas tal y como el Espíritu Santo les da para que hablen. (Véase Hechos 2:4).

Cuando la revelación de la declaración de la sangre de Jesús fue dada primeramente y se había practicado, no existía ningún tipo de enseñanzas en ese tema, tal y como las que se están compartiendo a través de este libro. No existían predicaciones, ni exhortaciones o sugerencias de ningún tipo con relación a este tema. La práctica comenzó en forma espontánea bajo el poder convincente y sumamente poderoso del Espíritu Santo. Dios deseaba manifestar su

Honrar la sangre de Jesús abre el camino para el poder de Dios.

poder, pero solamente pudo realizarse a medida que la sangre de Jesús era honrada, porque la vida de Dios está en la sangre de Cristo Jesús.

Por lo tanto hoy en día, el hecho de honrar y venerar la preciosa sangre de Cristo abre el camino para que el poder de Dios sea revelado dondequiera que los hombres y mujeres están buscando los dones del Espíritu Santo, o están buscando los milagros y las sanidades. El hecho de recibir el bautismo en el Espíritu Santo por medio de declarar la sangre de Cristo, ha sido tan fácil y tan maravilloso que algunos han dudado acerca del resultado, porque no existieron ningún tipo de manifestaciones carnales. Alguna vez existe la tendencia a olvidar que cuando el Espíritu Santo descendió sobre Jesús después que Él había sido bautizado en agua, el Espíritu Santo descendió en la forma de una paloma, en forma muy reverente, muy suave, y sin ningún tipo de demostración externa—y de inmediato se escuchó la voz de Dios. Jesús no hizo ningún tipo de ruidos carnales o movimientos excéntricos. Y esta es la forma como debería ser hoy en día. La persona que entra al lugar santísimo declarando la sangre de Cristo Jesús, va a encontrar que Dios manifiesta su gloria de *shekinah* de la misma forma como lo hizo en el lugar santísimo del templo de Salomón, y ésta persona va a poder tener comunión con Dios por medio de hablar en otras lenguas.

El Poder de la Sangre

Cada vez y en cada lugar donde la sangre de Cristo no es honrada de esta manera, y donde existe ese *"fuego extraño"* (Levítico 10:1) siendo ofrecido en lugar del fuego que viene como respuesta a la sangre de Jesús, corremos el peligro de que el fanatismo se involucre, con manifestaciones carnales que nos distraen del verdadero mover del Espíritu Santo de Dios. El Espíritu Santo no puede operar bajo la base de ofrendas carnales, sino solamente donde la sangre de Jesús es ofrecida, y sólo así es que podemos esperar un verdadero movimiento del Espíritu Santo de Dios.

En el libro de Romanos podemos leer acerca de Jesús siendo *"a quien Dios exhibió públicamente como propiciación por su sangre a través de la fe, como demostración de su justicia, porque en su tolerancia, Dios pasó por alto los pecados cometidos anteriormente"* (Romanos 3:25). Se nos pide que ejercitemos fe en la sangre de Cristo. El hecho de declarar la sangre sin fe o teniendo nuestros corazones llenos de temor es algo repulsivo y completamente falto de efectividad. Cuando declaramos la sangre de Jesús en voz alta, siempre debemos tener cuidado de hacerlo a través de una fe simple pero llena de convencimiento; puesto que es así como va a funcionar.

EL ANTÍDOTO PARA EL VENENO

Un pastor que conocemos, que en ese tiempo era un doctor naturista, en una ocasión contrajo un envenenamiento por medio de tomaína. El colocó sus propias manos sobre su propio cuerpo, y durante veinte minutos estuvo declarando la sangre de Jesús, diciendo, "Yo declaró la sangre de Jesús", una y otra vez. El resultado de este ataque en contra de los esfuerzos del diablo para destruirlo fue que él sanó completamente. Otras personas han encontrado que el simple hecho de repetir la palabra *sangre* es suficiente. No existan reglas específicas; es el simple hecho de ofrecer la ofrenda de la sangre de Jesús por fe, como sacerdotes del Nuevo Testamento, lo que trae resultados. Dios va a escuchar nuestro clamor de la sangre de Cristo, y va a respetar el valor de todo aquello que fue comprado para nosotros a través de ella. Podemos obtener todas las bendiciones de la redención de Cristo Jesús que necesitemos.

LAS LÍNEAS DE LA PROPIEDAD

Esta verdad se convirtió en una realidad para uno de mis amigos, que era un predicador que trabajaba en los ferrocarriles en la ciudad de Detroit, estado de Michigan, y que se llamaba Rudy Peterson. Rudy viajó para predicar en una pequeña estación misionera en las Bahamas.

Anteriormente era imposible que cualquier misionero pudiera quedarse a predicar en esas islas, debido a que los nativos locales, los cuales eran alborotados por el diablo, solían hacer ruidos terribles con latas vacías de hojalata y con gritos horrorosos, con el propósito de hacer cualquier tipo de adoración algo imposible. Cuando Rudy y un amigo suyo llegaron a la estación de la misión, ellos caminaron alrededor del perímetro de la misión, declarando la sangre de Jesús en voz alta. Esto fue hecho varias veces, y después de eso no experimentaron ningún tipo de problemas. Rudy, por medio de la fe, había puesto una línea de sangre justo alrededor de toda la iglesia.

LA SANGRE DE JESÚS Y LOS DONES DE PALABRA

Yo puedo recordar en forma muy especial una ocasión asombrosa, cuando por medio de declarar la sangre de Cristo aumentó la operación de los dones de palabra. Éste evento tan benéfico comenzó bajo las circunstancias más raras. Tres de nosotros nos encontrábamos sentados en un restaurante que tenía una rockola de discos que estaba tocando la música muy fuerte, y el ambiente en todo el lugar estaba lleno con el humo de cigarros. La conversación llegó al punto de hablar acerca de que Dios revela las causas de los problemas por medio de sus siervos.

Casi de inmediato, se nos acercó una dama que era la persona responsable de cuidar un edificio de apartamentos que había estado vacío por once meses; su patrón, que era el dueño del edificio, se encontraba bastante tenso, por motivos que eran lógicos. Surgió una palabra de ciencia, seguida por una palabra de sabiduría. En los siguientes dos días se realizaron oraciones en el edificio de apartamentos, el diablo fue reprendido por haber estado atando ese lugar, y se declaró la sangre de Jesús en voz alta en cada cuarto y en cada piso. Vino una palabra de profecía, diciendo que esos apartamentos iban a ser rentados esa misma semana, lo cual, de hecho, sucedió. La persona que fue usada para ésta profecía incluso recibió la revelación con relación al periódico donde tenía que anunciarse el edificio de apartamentos.

En este caso se realizó una combinación de tres dones diferentes para traer una gran bendición. La palabra de ciencia (que dio las razones por las cuales este edificio estaba bloqueado) había sido dada, la palabra de sabiduría (la cual nos reveló qué es lo que teníamos que hacer para echar fuera ese bloqueo) fue la siguiente, y después, vino la palabra de profecía para predecir que todo estaba bien y que ese edificio de apartamentos iba a ser rentado. Todos estos fueron dones manifestados en voz alta, los cuales probaron ser genuinos, siendo una Palabra de Dios a través de un canal humano. No se trató de una iglesia, ni había una temporada especial de oraciones precediendo la operación de los dones, sino que Dios se movió por medio de su Espíritu Santo en una persona santificada que se encontraba preparada, en el tiempo exacto. Tampoco fue necesario emocionarse sobremanera, ni ponerse a brincar en todo el restorán o gritar fuertemente levantando los brazos. ¡La única cosa que se sentía era el olor nauseabundo del humo del tabaco en ese lugar! Dios quería que su voluntad fuera conocida por medio de una palabra que venía directamente de Él.[7]

DECLARAR LA SANGRE DE JESÚS
TRAE LIBERACIÓN

Tú siempre puedes contar en recibir liberación cada vez que declaras la sangre de Jesús.

- Los israelitas rociaron la sangre en Egipto, y les trajo liberación.

- Rahab uso la señal de la línea de sangre, y le trajo liberación.

- Los sumos sacerdotes en el Antiguo Testamento rociaron la sangre, y les trajo perdón.

Como declarar la sangre de Jesús

- ¡Jesús roció su propia sangre y compró la salvación para toda la raza humana!

- Nosotros, como sacerdotes del Nuevo Testamento que estamos sirviendo bajo nuestro Sumo Sacerdote Jesús, ¡ahora podemos rociar la sangre de Jesús, para obtener perdón, salvación, redención, sanidad, protección, y victoria!

Si alguien se atreve a pensar que el hecho de rociar la sangre era solamente para los santos del Antiguo Testamento, y que esta práctica se acabó cuando Jesús roció su propia sangre preciosa a nuestro favor, permíteme recordarte el mandamiento de Dios que se encuentra en el libro del Éxodo 12:24, que dice, *"Y guardaréis esta ceremonia como ordenanza para vosotros y para vuestros hijos para siempre"*. Si es necesario rociar la sangre hoy en día, entonces tienen que ser los sacerdotes del Nuevo Testamento quienes lo hagan—y nosotros somos esos sacerdotes, si acaso hemos venido a creer en el Hijo de Dios.

Ocho

La sangre y la salud divina[8]

*Hijo mío, presta atención a mis palabras,
inclina tu oído a mis razones; que no se
aparten de tus ojos, guárdalas en medio
de tu corazón. Porque son vida [zoe en
griego] para los que las hallan, y salud
para todo su cuerpo.*
—Proverbios 4:20–22

Existe una nota al margen de la versión de la *Reina-Valera 1960* con relación a este pasaje de la Escritura donde se usa una palabra alternativa para la palabra *salud*, la cual es: "medicina". Los dichos y las palabras de Dios, de hecho se convierten en medicina espiritual para toda nuestra carne. Obviamente, esto tiene la intención de cubrir todo el cuerpo humano, incluyendo sus huesos, cerebro, nervios, y toda su sangre. Cada célula individual que lleva la vida biológica en ella, se va a alimentar con la vida del *zoe*, a medida que permitimos que la Palabra de Dios afecte todo nuestro comportamiento, y a medida que humildemente obedecemos todos Sus mandamientos.

En todas las demás partes del libro de Proverbios, Salomón escribió que el hecho de confiar en Dios y obedecer la ley de Dios *"será medicina para tu cuerpo y refrigerio para tus huesos"* (Proverbios 3:8). De nuevo, la palabra alternativa en lugar de salud es la palabra "medicina", y en esta ocasión la medicina está asociada con nuestro ombligo. Yo creo que la razón de esto es que el ombligo es la parte del cuerpo que en una ocasión estuvo conectado con el cordón umbilical a la madre. El cordón umbilical y el ombligo operan como un sistema de filtrado para detener las impurezas del flujo sanguíneo de la madre, y que éstas no invadan el flujo sanguíneo del bebé. El ombligo es el lugar donde la vida y la nutrición entran al cuerpo antes de nacer, y es muy interesante que este concepto se encuentre amplificado en el Salmo 119:130, que dice, *"La exposición de tus palabras imparte luz".*

> *El Espíritu Santo nos conecta con nuestra fuente de vida—que es Dios.*

Por fe en Cristo Jesús es que nos convertimos en los hijos de Dios, y la iglesia es nuestro medio ambiente, o nuestro lugar de seguridad. Sin embargo, tenemos que ser alimentados constantemente, y por lo tanto, tenemos un cordón umbilical con el Espíritu Santo, que nos conecta con la fuente de la vida, que es Dios en los cielos. Si el vientre—que es la "válvula" que controla la entrada de los nutrientes al bebé que no ha nacido todavía—hubiera desaparecido antes del nacimiento, no hubiera sido posible pasar todo el buen alimento de la mamá al flujo sanguíneo del bebé, y el bebé hubiera muerto. Como hijos de Dios, primeramente debemos ser alimentados con la leche de la Palabra de Dios (véase 1 Corintios 3:2), y entonces debemos crecer hasta el punto de ser capaces de comer el alimento sólido de la carne de la Palabra de Dios (véase Hebreos 5:14), y de esta manera podremos desarrollarnos hasta convertirnos en cristianos vigorosos y fuertes. En verdad que la Palabra de Dios es salud para nuestro ombligo.

Entonces también encontramos que esta Palabra de Dios es salud para el tuétano de nuestros huesos. Estoy muy interesante, porque después del nacimiento y después que hemos terminado de obtener la vida a través del cordón umbilical, el proceso de la vida continúa en el tuétano de los huesos. El tuétano es la sustancia donde tanto los corpúsculos rojos, como los corpúsculos blancos de la sangre son fabricados. Se mantiene un equilibrio entre las células blancas y las células rojas,

La Palabra de Dios es salud para nuestros huesos.

dependiendo de nuestra salud. Tan pronto como alguna sustancia tóxica o venenosa invade nuestro cuerpo, el número de corpúsculos blancos aumenta en gran manera, y estos se apresuran a llegar a las partes infectadas, rodeándolas completamente e impidiendo que el veneno o la toxina avance en más allá de ese lugar de nuestro cuerpo.

En Levítico 17:11 podemos entender que la vida del cuerpo se encuentra en la sangre, y por lo tanto la vida biológica de cada uno de nosotros está contenida en esas pequeñas células de sangre que son muy fuertes y muy vigorosas. No es de sorprender que David dijo que hemos sido hechos en una forma maravillosa y asombrosa (véase Salmo 139:14); el hombre es el más grande triunfo de la creación de Dios. El diablo puede invadir las células de sangre, y la amenaza de la enfermedad de leucemia puede robarse la vida en sólo unos cuantos meses; pero todos aquellos que nutran sus cuerpos con la Palabra de Dios cada día, van a encontrar que esta Palabra de Dios actúa como un guardián y como medicina preventiva para estas células que nos mantienen con vida. Por lo tanto, el mismo génesis en nuestros huesos es mantenido al cien por ciento de eficiencia y de salud. La sangre limpia fluye a través de todo el cuerpo, bombeada por un corazón puro. El apóstol Pablo usa esta metáfora con relación a la iglesia y al propósito de Dios: *"Para santificarla,*

La sangre y la salud divina

habiéndola purificado por el lavamiento del agua con la palabra" (Efesios 5:26).

MANTENIÉNDOSE FIRME

Aquí, entonces, podemos encontrar un principio bíblico de salud: no se trata de que no debamos llamar a los ancianos de la iglesia para que efectúen *"la oración de fe"* (Santiago 5:15)—aunque esto es correcto y muy efectivo—cuando nos encontramos enfermos, pero existe una manera mucho más profunda, de mantenerse firmes en la fe, y consiste en que nos mantengamos firmes en contra de todas las acechanzas del diablo y en contra de todos sus dardos ardientes. (Véase Efesios 6:6, 11). Muchos de estos dardos ardientes vienen en la forma de enfermedades. Es muy posible mantenerse firme en contra de todos ellos.

Yo puedo testificar que me mantenido firme por un cuarto de siglo, teniendo fe en la Palabra de Dios y creyendo en la salud divina, y he podido encontrar que esto funciona muy bien. He recibido sanidad de las venas varicosas, del tabaco, de la sinusitis, de problemas en el hígado, y del fortalecimiento de mi brazo derecho en una ocasión en que yo me lastime el músculo del bíceps. El brazo ahora está tan fuerte como siempre, a pesar del hecho de que la mejor opinión médica en ese entonces era que iba a perder por lo menos un 25 por ciento del uso en ese brazo.

Yo creo que Dios está tratando de mostrarnos hoy en día que podemos mantenernos firmes en buena salud. Cada vez que el diablo trata de atacarte en cualquier parte de tu cuerpo, de inmediato debes declarar la promesa adecuada, meditar en ella, consumirla, y convertirla en una sustancia viva dentro de tu flujo sanguíneo y en tu corazón. Debido a que las palabras y promesas de Dios son semillas *"incorruptible"* (1 Pedro 1:23), ellas se desarrollan y producen unas plantas muy fuertes de promesas divinas. Si tú digieres la promesa que dice "por sus llagas yo he sido sanado" (véase Isaías 53:5; 1 Pedro 2:24), tú vas encontrar que esa semilla va a producir exactamente esto en tu vida, debido a que la sanidad produce salud. Si tú digieres la opinión de alguien expresada a través de dudas—muy posiblemente diciéndote acerca de algún ser amado que murió teniendo los mismos síntomas—entonces, es la duda la que ha sido sembrada. La duda no es la semilla incorruptible de la Palabra de Dios, y por lo tanto, la semilla de la duda va a producir su planta inevitable de enfermedades y de muerte. ¡Todo aquello que tú siembras, eso cosechas! (Véase Gálatas 6:7).

> *Dios está tratando de mostrarnos que podemos permanecer en buena salud.*

La sangre y la salud divina

Mantente digiriendo las promesas de Dios. Sigue sembrando las semillas de Dios porque *"cual es su pensamiento en su corazón, tal es él"* (Proverbios 23:7, RVR). El corazón bombea la sangre que imparte la vida a cada parte de la carne de una persona o ser humano. Si la sangre es pura, el resto de los tejidos van a ser puros. Si llenamos nuestras mentes con suciedad, por medio de leer literatura inmunda, o por medio de asistir a las películas que están clasificadas como películas X, y por medio de escuchar cuentos sucios, entonces, inevitablemente vamos a producir los frutos de estas semillas:

> *Porque de adentro, del corazón de los hombres, salen los malos pensamientos, fornicaciones, robos, homicidios, adulterios, avaricias, maldades, engaños, sensualidad, envidia, calumnia, orgullo e insensatez. Todas estas maldades de adentro salen, y contaminan al hombre.*
>
> (Marcos 7:21–23)

Si alguna de estas cosas te produce problemas en tu vida, esto quiere decir que tú no has sido limpiado completamente en tu interior, y por lo tanto, tu mente y tu cuerpo van a mostrar los efectos de esta suciedad interna. La verdadera mente es el corazón, porque *"con el corazón se cree para justicia"* (Romanos 10:10). Una vez que la mente ha sido limpiada, entonces se puede decir de nosotros que tenemos *"la mente de Cristo"* (1 Corintios 2:16; véase también Filipenses 2:5). La mente de Cristo era pura, y Él nunca sufrió ninguna enfermedad. Él no sufrió debido a su propia enfermedad; Él sufrió por las enfermedades de todos nosotros, para que a través de su muerte todos nosotros podamos ser sanados y encontremos la vida y la salud.

PALABRAS LIMPIADORAS Y SANADORAS

El sabio rey Salomón escribió lo siguiente: *"Hay quien habla sin tino como golpes de espada, pero la lengua de los sabios sana"* (Proverbios 12:18). Las palabras que proceden de nuestra lengua van a dar una clara evidencia del estado de salud en que nos encontramos. El Dr. William Standish Reed, M.D., de la Fundación Cristiana de Médicos en Medford, estado de Oregón nos informó que las cosas que son tan terriblemente destructivas como lo son la crítica, el chisme, la auto conmiseración, el odio, la maldición, y el hecho de mantener resentimientos son las causas de muchas enfermedades físicas, y todas estas cosas se manifiestan a través de la lengua.

Podemos pelear en contra de los ataques del diablo con la espada del Espíritu Santo.

La sangre y la salud divina

Salomón escribió de nuevo, *"Si te has enredado con las palabras de tu boca, si con las palabras de tu boca has sido atrapado"* (Proverbios 6:2). Somos nosotros mismos los que nos destruimos a nosotros mismos. El diablo pone en nuestro corazón todos estos pensamientos malvados, los cuales encuentran su expresión casi inevitable como palabras en nuestra boca. A medida que las hablamos, nos enredamos a nosotros mismos, de tal manera que el diablo tiene el derecho perfecto de venir y decirnos que no hay esperanza para nosotros, porque él es el ángel de la muerte, y la paga del pecado es la muerte.

No es de sorprender que Salomón advirtiera que todas esas palabras negativas, tales como aquellas originadas por el odio, la envidia, y la crítica, son como *"golpes de espada"*. Siempre existe un positivo para un negativo, un día para una noche, la luz para las tinieblas. Gracias a Dios que existe otra espada diferente a la espada del diablo—y que es la espada del Espíritu Santo, la cual es la Palabra de Dios. La misma lengua que escupe vileza y cosas malvadas que nos corrompen y nos destruyen puede ser domesticada, pero no por nosotros mismos, sino solamente por una verdadera obra del Espíritu de Dios obrando y transformando nuestro espíritu. Toda nuestra naturaleza es transformada, y ahora el corazón que era el desagüe de todo pensamiento malvado ha sido limpiado por la sangre de Jesús. En lugar de que salga agua sucia salpicando por todos lados de nuestra boca, ahora es el Espíritu Santo quien nos da palabras de verdad, de vida y de salud. *"La lengua de los sabios sana"*.

COMUNIÓN Y SALUD

El hecho de aproximarse a cualquier siervo de Dios que tiene el ministerio de sanidad, pidiéndole que ore por nosotros con la oración de fe es algo inútil, a menos que primeramente hayamos examinado nuestro corazón para ver si existe alguna cosa malvada o algún camino malvado dentro de nosotros. No es suficiente haber entrado en el pacto de salvación y estar de acuerdo en que Jesús es el gran Médico, a menos que primeramente nos examinemos a nosotros mismos, lo cual estamos supuestos a hacer toda vez que nos aproximamos a la mesa de la comunión y de la Santa Cena. Siempre podemos apropiarnos de la salud divina que se encuentra preparada alrededor de la mesa de la Santa Cena. Es la mesa del Señor que esta extendida delante de nosotros en presencia de nuestros enemigos. Está rebozando con todo tipo de cosas buenas. (Véase Salmo 23:5). El apóstol Pablo fue muy insistente en este punto cuando él escribió lo siguiente: *"Por tanto, examínese cada uno a sí mismo, y entonces coma del pan y beba de la copa"* (1 Corintios 11:28). A medida que participamos del

La sangre y la salud divina

pan, en realidad estamos participando por medio de la fe de la misma salud que se encontraba en el cuerpo de Jesús, el cual fue partido por nosotros. A medida que bebemos el vino, estamos recibiendo por medio de la fe, la misma vida que se encontraba en Jesús, porque la vida—su vida—está en su sangre. (Véase Levítico 17:11).

El apóstol Juan hace esto igualmente claro en el sentido de que solamente somos limpios de todo pecado por medio de la sangre de Jesús, a medida que seguimos caminando en la luz de la Palabra de Dios y obedeciéndola. (Véase 1 Juan 1:7). Si nos entregamos al chisme, a criticar, o a mantener resentimientos con un espíritu que rehúsa perdonar, nos colocamos a nosotros mismos fuera de los términos del nuevo pacto que se encuentra en la sangre de Cristo. Bajo estas condiciones, no importa qué tanto ore la gente por nosotros, o que tantas veces oren por nosotros; no vamos a recibir nuestra sanidad ¡sino hasta que el pecado de todas estas cosas haya sido confesado y puesto debajo de la sangre de Jesús! Una vez que todos estos pecados terribles y destructores han sido confesados y olvidados, esto debe convertirse en un acto permanente de olvido total, y siempre debemos mantenernos en guardia en contra de las tentaciones sutiles del diablo, que nos provocan a usar nuevamente nuestras lenguas en esta forma que destruye el alma. Tu debes *"ocupaos en vuestra salvación con temor y temblor"* (Filipenses 2:12), y nunca debes tratarlo como si fuera una cosa ligera y sin consecuencias.

Nueve

La aplicación de la sangre

Una noche oscura hace muchos años, yo salí de mi garaje para meterme en mi automóvil. No había luz en el garaje, y me olvide que alguien había clavado parcialmente un clavo en una de las paredes. A medida que camine rápidamente hacia el auto, mi cabeza fue rasgada por el clavo tan filoso. Hice mi cabeza hacia atrás rápidamente, dándome cuenta de lo que había sucedido, pero ya era muy tarde—había una herida muy fea en mi cabeza. De inmediato comencé a declarar la sangre de Jesús. En un lapso de media hora, ¡no había ni siquiera una marca en mi cabeza! Por lo tanto, como puedes ver, declarar la sangre es algo muy práctico.

La mayoría de las preguntas que me dirigen con relación a este asunto tienen que ver con el hecho de cómo poder aplicar la sangre de Jesús en una forma práctica en cualquier situación que tal vez esté siendo controlada por el diablo. La pregunta crucial consiste en realizar algo práctico en lugar de meternos en el concepto teológico. La teología enseña que Jesús derramó su sangre una sola vez por los pecados del mundo, ¡y que eso es todo lo que se tiene que decir acerca de esto! El peligro está en permitir que esto se convierta en un hecho histórico y sin vida alguna, en lugar de lo que realmente es, una realidad presente y poderosa.

DESINFECTANDO HERIDAS

Hablemos entonces acerca de cómo aplicar la sangre de Jesús. En el mundo natural, no tendríamos dificultad alguna para poder entender cómo poder aplicar un desinfectante en una infección. Tomamos el desinfectante y lo derramamos o lo aplicamos sobre la infección, y el resultado es que todos los gérmenes y organismos vivientes que están presentes en esa infección van a morir.

Ahora, no deberíamos tener dificultad alguna en hacer lo mismo espiritualmente. En cualquier lugar donde el diablo esté operando, debemos aplicar el único antídoto correctivo que existe—la sangre de Jesús. No existe ningún otro método alternativo, y tampoco existe sustituto alguno. La oración, la alabanza, adoración, y la devoción, todos estos tienen su parte cuando nos acercamos a Dios, pero la sangre de Jesús es el único agente efectivo en contra de la corrupción.

La aplicación de la sangre

Esta es la razón de por qué el diablo siempre ha tratado de sacar la sangre de Jesús fuera de nuestras iglesias. Si no existe desinfectante alguno, entonces sus demonios tienen la libertad para continuar su obra mortífera de destrucción en el espíritu, el alma, y el cuerpo.

Habiendo concluido que la sangre de Jesús es nuestro único remedio, ¿cómo es que podemos obtenerla, y cómo es que podemos usarla? En el Antiguo Testamento, la cabeza de cada familia tomaba un hisopo, lo mojaba en la sangre, y rociaba o salpicaba la sangre en los dinteles y en los postes de las casas de los israelitas. Pero en el medio ambiente espiritual, tomamos la sangre por medio de la fe, y entonces la declaramos, lo cual realmente es una forma de oración de intercesión. Cada vez que declaramos la sangre de Jesús, estamos ofreciendo la única declaración que puede traer cualquier tipo de resultados en la intercesión.

Debes pensar de esta manera. La expresión *sangre de Jesús*, declarada por fe una sola vez, podría asemejarse a una gota de sangre que ha sido arrojada sobre la situación maligna y corrupta con la cual tenemos que tratar en oración. Obviamente, ninguna persona que está poniendo desinfectante en la corrupción que existe en el fondo de un bote de basura usaría solamente una sola gota ¿o acaso sí lo harían? Por lo tanto, mientras más declaramos la sangre de Jesús, mucho más poder estamos trayendo para poder tratar en contra de esta situación maligna.

Sin embargo, permíteme advertirte en contra de la repetición mecánica y sin sentido. Obviamente, el hecho de declarar la sangre en forma mecánica en repeticiones vanas es completamente inefectivo y tonto, especialmente para los incrédulos. Pero para el hijo de Dios que declara la sangre de Jesús, esto trae rápidamente resultados maravillosos. Este tipo de teoría es tan simple y tan obvia para la mente espiritual, que muy frecuentemente nos asombramos de que tanta gente pierda esto de vista.

Sacrificios físicos y espirituales

En los tiempos del Antiguo Testamento, los sacerdotes ofrecían sacrificios físicos de animales. La carne de los animales se quemaba con el fuego, pero la sangre era drenada en vasijas, y era usada por medio de ser rociada. En los tiempos del Nuevo Testamento, nosotros somos los sacerdotes que ofrecemos *"sacrificios espirituales aceptables a Dios por medio de Jesucristo"* (1 Pedro 2:5). Los sacrificios espirituales son el equivalente en el Nuevo Testamento de los sacrificios físicos del Antiguo Testamento. Como creyentes y sacerdotes del Nuevo Testamento, debemos tomar la sangre viva de Jesús y "esparcirla" delante del Señor por medio de repetir en voz alta la expresión *sangre de Jesús*. De inmediato, vamos a comenzar a traer todas las obras del diablo a la cautividad, y vamos a nulificar todas sus acciones malvadas.

La sangre de Abel habló acerca de venganza, pero la sangre de Jesús habla acerca de paz, perdón, y reconciliación para todos aquellos que se encuentran atados por el diablo. A medida que declaramos la palabra *sangre,* debemos recordar que la sangre de Jesús lleva todo el poder, el Espíritu, y la vida que se encuentra en Jesús mismo. Tal y como la sangre del ser humano lleva su vida, de la misma forma la sangre de Jesús lleva la vida del Hijo de Dios. Cada vez que declaramos la palabra *sangre* con fe, estamos trayendo la fuerza de la vida creativa del universo para que destruya el poder de Satanás.

¿QUÉ TAN FRECUENTEMENTE ES NECESARIO HACER ESTO?

Yo no tengo la intención de sugerir ni por un momento, que la sangre no tiene poder para ti todo el tiempo, y que por lo tanto, tú debes declararla continuamente a fin de mantenerte cubierto todo el tiempo. Yo recuerdo a un hombre joven que se acercó a mi esposa después de una de mis sesiones de enseñanza y le dijo con tremenda honestidad, "Hermana Whyte, ¿qué tan seguido piensa usted que nosotros debemos declarar la sangre de

Jesús? ¿Acaso deberíamos, por ejemplo, declararla cada media hora?"

La Señora Whyte dijo más tarde un poco asombrada que ya prácticamente podía ver a este muchacho parado ahí con un cronómetro en su brazo, diciendo, "Bueno, ahora, ¡debo declarar la sangre!" Por supuesto que una idea de este tipo es completamente ridícula. No, el punto que estoy tratando de mostrar es que en cada situación donde tú sientas que te encuentras bajo el ataque de Satanás o que necesitas algún tipo de protección especial, entonces, este es el momento de declarar la sangre de Cristo Jesús. Al hacer esto, tú le estás recordando a Dios que estás confiando en su misericordia, y tú le estás recordando a Satanás que él no puede tocarte, mientras que te encuentres bajo la sangre de Jesús, y tú te estás recordando a ti mismo del fundamento que tienes con relación a tu confianza en Cristo Jesús.

La validez de las lenguas

Declarar la sangre de Jesús es una manera muy buena para poder probar la validez de muchas manifestaciones espirituales. Muy frecuentemente nos preguntan lo siguiente: "Si Satanás puede hablar a través de nosotros en lenguas, ¿cómo es que yo puedo saber que mis lenguas son de Dios?" Es una pregunta muy importante y muy válida. Yo ya he dicho que una persona que se encuentra atada en algún área por el diablo va a tener mucha dificultad, o va a encontrar que es imposible que pueda declarar la sangre de Cristo. Si una persona habla en lenguas demoníacas, él no va a ser capaz de declarar la sangre. Por lo tanto, ésta es una buena forma de probar la realidad de tu experiencia de hablar en lenguas.

Para recibir el bautismo en el Espíritu Santo con la evidencia de hablar en lenguas, yo siempre enseño a las personas que están buscando esto, que deben declarar la sangre de Jesús en voz alta con toda su fe. Ellos tal vez comiencen en forma un poco titubeante, pero a medida que el Espíritu de Dios desciende sobre ellos, y la limpieza interior comienza a tomar efecto, ellos van a encontrar que sus lenguas están comenzando a disfrutar esta práctica por medio de la fe, y la palabra *sangre* comienza a salir de sus bocas con gran osadía.

Las personas que están buscando el bautismo en el Espíritu Santo normalmente van a recibir una unción del Espíritu Santo como respuesta al clamor de la sangre de Jesús que las palabras en lengua desconocida están comenzando a manifestar, y también va a fluir en ellos un torrente abundante de *glossolalia* (lenguas desconocidas). En este caso, no debe de existir duda alguna de que las lenguas que se están hablando son verdaderamente una manifestación del Espíritu Santo.

Abandonando la voluntad de uno mismo

Sin embargo, algunas personas son más titubeantes y encuentran muy difícil el hecho de abandonar y rendir su voluntad ante Dios; se encuentran inciertos, temerosos, y muy cautelosos cada vez que se acercan a Dios. Por el otro lado, existen muchos que han sido enseñados que ya tienen la llenura del Espíritu Santo desde el momento en que fueron convertidos; este tipo de enseñanza puede ser una piedra de tropiezo para muchas gentes.

Siempre debemos tener presente en nuestra mente, que el hablar en lenguas es la evidencia de estar rebozando y nunca de una llenura estática. Podemos llegar a confundirnos con relación a estos dos tipos de experiencias. Juan el Bautista estaba lleno del Espíritu Santo aún antes del día de Pentecostés, y él podía haber rebozado en el aposento alto si él hubiera estado ahí. De forma similar, debido a que María se encontraba en el aposento alto, ella estaba rebozando, y de su boca salió un torrente de adoración en la forma de lenguas desconocidas.

Haz que tus temores se desvanezcan

La gente titubeante que se encuentra llena de temores y de dudas presenta una mayor dificultad para poder ayudarles, pero la experiencia ha mostrado que se puede lograr un gran avance si podemos hacer que ellos comiencen a declarar la sangre de Jesús. Ellos normalmente comienzan en forma muy callada, aunque algunas veces esto es sólo un murmullo, y tenemos que animarlos para que lo hagan con mayor determinación y un abandono santo.

A medida que lo hacen, ellos gradualmente van a comenzar a dispersar sus temores, y van a poder comenzar a hablar nuevas palabras, algunas veces alternadamente, mezclándolas con las declaraciones acerca de la sangre de Jesús. Algunas veces, ellos van a regresar y van a empezar a decir, "No puedo hacerlo", lo cual es una expresión del espíritu de temor que está siendo alborotado por medio de declarar la sangre de Cristo Jesús. Sin embargo, estas personas tienen que continuar rápidamente declarando la sangre de Jesús otra vez. A medida que las dudas y los temores son echados fuera, esto se va a convertir en algo mucho más fácil, y muy pronto ellos van a comenzar a hablar en otras lenguas, muy frecuentemente para su propio asombro y gozo.

Muy pronto se va a poder ver que este método para recibir el bautismo en el Espíritu Santo es muy efectivo. De hecho, en mis numerosos años de ministerio, muy pocas veces he visto que esto falle. Muchas personas que han estado buscando el bautismo en el Espíritu Santo en forma crónica, y que no han sido capaces de recibirlo por otros medios, rápidamente "han sido capaces de recibirlo", por medio de declarar la sangre de Cristo. Cuando las gentes han pedido el bautismo en el Espíritu Santo mientras que se encuentran formados en esas líneas de oración en muchos países del mundo, yo simplemente les he dado instrucciones para que comiencen a repetir la expresión *sangre de Jesús*, y en pocos segundos ellos han comenzado a hablar en lenguas. Normalmente, yo tengo que llamar a otro ujier y le sugiero que él o ella se ponga a alabar a Dios junto con aquellos que están siendo bautizados en el Espíritu Santo, de tal manera que no se detengan de hablar en lenguas. Ahora ellos se encuentran entrando en otra dimensión espiritual, ¡y esto es algo maravillosamente extraño! Es muy importante que ellos no comiencen a dudar en este momento. Entonces, yo voy con el siguiente que está en la línea formado, y comienzo este mismo proceso otra vez.

Declarar la sangre de Jesús desvanece el temor y la duda.

Cuando son muchas las personas que están esperando recibir el bautismo en el Espíritu Santo, yo encuentro que lo más efectivo es enseñarles un poco acerca del significado de declarar la sangre de Jesús. Cuando comenzamos a declarar la sangre, muy frecuentemente contamos ya con veinte o más personas que ya se encuentran declarando todos juntos. Muy pronto, uno por uno, el Espíritu Santo entra plenamente en ellos, y ellos empiezan a rebosar en lenguas. ¡La sangre de Jesús tiene gran poder cuando la declaramos en fe!

LIMPIEZA CONTINÚA DEL ENVENENAMIENTO ESPIRITUAL

La señal interna para todos los cristianos es el poder impermeable de la sangre de Jesús que nos ha limpiado, y que continuamente nos seguirá limpiando, de todo el pecado y de todas las tentaciones del pecado. Bajo la ley de Dios, a todos aquellos que eran ordenados para el sacerdocio levítico se les daba un símbolo. Se ponía parte de la sangre del sacrificio de la consagración sobre el lóbulo del oído derecho de Aarón (véase Levítico 8:23–24) y en otras partes, y entonces, en los lóbulos de los oídos de sus hijos. Cuando la corona de espinas fue incrustada sobre la cabeza de Jesús, su propia sangre se derramó y corrió sobre sus oídos, cayendo hasta la tierra. Todo aquel que se acerca a la cruz hoy en día, puede tener la sangre de Jesús aplicada a sus oídos por medio de la fe. La presencia continua de la sangre sobre nuestros oídos, verdaderamente va a destruir todo tipo de veneno que está acechando todo aquello que escuchamos, nulificándolo por completo, y neutralizando sus efectos mortíferos sobre nuestro espíritu y mente, para que nuestras mentes puedan permanecer sin contaminación alguna.

Declarar la sangre de Jesús limpia nuestra vida.

La limpieza implícita opera continuamente, siempre y cuando nosotros confesemos diariamente nuestros pecados y nos apartemos de ellos como algo que es completamente inmundo. El poder de la sangre de Jesús no tiene efectividad alguna si tentamos a Dios por medio de escuchar deliberadamente cualquier chisme o cosas inmundas, o por medio de ir a todos aquellos lugares donde suceden cosas malvadas para entretenernos con todo eso. *"Teniendo nuestro corazón purificado de mala conciencia y nuestro cuerpo lavado con agua pura"* (Hebreos 10:22). Cuando declaramos la sangre de Jesús, estamos atrayendo el poder del Espíritu Santo.

Tal y como el corazón es el centro de las operaciones de nuestra vida espiritual, el cual de la misma forma afecta toda nuestra persona tripartita, también podemos encontrar que existe una limpieza espiritual implícita, la cual se encuentra continuamente en operación, incluso mientras que nosotros estemos durmiendo. Todo aquello que llega a nuestros oídos o a nuestros ojos o a nuestra boca es destruido, de la misma forma como ciertos insecticidas que se rocían en las puertas de nuestros hogares pueden destruir a las cucarachas y a las hormigas aun antes de que puedan penetrar a nuestras casas.[9]

Aplicaciones prácticas

Cuando nuestros hijos eran pequeños, ¡muy frecuentemente teníamos que declarar la sangre sobre sus rasguños y raspaduras! Un caso en particular fue cuando mi pequeño hijo Esteban estaba en la cocina con mi esposa, y él se quemó muy severamente. Era un día muy frío, y habíamos abierto el horno para ayudar a que circulara un poco más de calor a través de toda la casa. Esteban accidentalmente camino hacia atrás en dirección a la tapa del horno, la cual estaba bastante caliente, y se llevó una seria quemadura que atravesaba la parte posterior de sus piernas. En forma instantánea, Olivia y yo comenzamos a declarar la sangre de Jesús.

"Todo va a salir bien", yo dije. "¡La sangre de Jesús jamás ha perdido su poder!"

Esa noche cuando todos ya nos íbamos a la cama, yo dije, "A propósito, Esteban, ¿cómo están tus piernas?"

Olivia y yo miramos, y no existía ni el más mínimo rastro de alguna quemadura.

La Palabra de Dios enseña lo siguiente: *"Y la sangre os será por señal en las casas donde estéis; y cuando yo vea la sangre pasaré sobre vosotros, y ninguna plaga vendrá sobre vosotros para destruiros cuando yo hiera la tierra de Egipto"* (Éxodo 12:13). Pablo nos dijo que Jesús es nuestra Pascua. (Véase 1 Corintios 5:7). Jesús se convirtió en nuestra Pascua por medio de derramar su propia sangre preciosa. ¡Para los creyentes no existe nada más precioso que esto!

Diez

El bautismo en el Espíritu Santo y la sangre de Jesús [10]

Se han enseñado muchas maneras a través de las cuales los creyentes pueden recibir el bautismo en el Espíritu Santo, algunas de las cuales son muy sensibles y escriturales, ¡pero otras son mucho más emocionales y nada escriturales! Ahora mismo, yo quiero mostrarte como poder recibir este bautismo por medio de declarar o de rociar la sangre de Jesús. He visto literalmente cientos de gentes que muy rápidamente reciben este don, por medio de seguir estas enseñanzas escriturales tan simples.

ES UN DON QUE PODEMOS RECIBIR, Y NO NECESITAMOS HACER NADA PARA MERECERLO

En primer lugar necesitamos mantener en mente que los apóstoles llamaron al bautismo en el Espíritu Santo *"el don del Espíritu Santo"* (Hechos 2:38; 10:45). La palabra griega *dwrea* para don significa un regalo gratuito—y por lo tanto podemos decir, que no puede ser ganado o merecido de alguna manera, sino que solamente puede ser aceptado gozosamente. Juan explicó que Jesús solamente fue designado por el Padre celestial para darnos este don, y por lo tanto debemos acudir a Él y con toda gracia tomarlo de sus propias manos. Aquí es donde muchos cristianos cometen un gran error: ellos creen que si actúan de una manera religiosa, se ponen a sufrir por medio de algún ejercicio religioso como lo es el ayuno, o comienzan a sentir algo emocional, entonces es que Jesús va a forzar este don en ellos y les va a hacer hablar en lenguas. Muy frecuentemente he escuchado gente que ha sido enseñada equivocadamente, y que me dicen, "Si Dios quiere que yo reciba el Espíritu Santo, Él tendrá que dármelo". Parece que ellos nunca se dan cuenta que el acto de dar es una experiencia de doble sentido; consiste tanto en dar como en recibir. Dios da; nosotros recibimos. Si no nos ponemos en disposición de recibir, nosotros no recibimos. En otras palabras, si no cooperamos con Dios, no vamos a recibir absolutamente nada, independientemente de lo que nosotros pensemos. El Espíritu Santo no es impartido bajo la base de

Todos los dones de Dios vienen en una dirección de doble sentido. Dios los da; nosotros los recibimos.

de nuestra dignidad, o de nuestra denominación, o tipo de pensamiento, sino solamente bajo la base de nuestra fe personal. (Véase Gálatas 3:2–5).

Algunas personas han enseñado que el Espíritu Santo solamente puede entrar en un vaso santo, lo cual es cierto si estamos tratando de decir acerca de la santidad que nos ha sido imputada, pero ciertamente no es cierto, si es que estamos tratando de decir la santidad "que tenemos que trabajar con nuestras propias obras". Este tipo de gente tienen la idea de que es necesario esperar mucho tiempo o hacer mucho sacrificio para poder recibir este don, y ellos sienten que obtienen puntos de mérito debido al tiempo que pasan en oración, rogando, gimiendo, agonizando, y algunas veces, incluso rodándose en el piso. ¡Mientras que nosotros estemos insistiendo en tratar de obtener el don del Espíritu Santo por nosotros mismos, Dios nos va a hacer esperar mucho más! Nosotros no somos mendigos, sino hijos e hijas de Dios. Todos los dones de Dios—ya sea que se trate de la salvación, la sanidad, o el bautismo en el Espíritu Santo— pueden y deben ser recibidos y usados, tan pronto como nos apropiamos de ellos por la fe.

TARDARSE O NO TARDARSE

Yo recuerdo que sostuve una reunión combinada juntamente con un pastor pentecostal en la ciudad de Toronto hace algunos años. Yo había tomado como seis de los miembros de su iglesia y oré con todos ellos para que recibieran el bautismo en el Espíritu Santo, por medio de declarar la sangre de Jesús. Pero su pastor indicó que ellos habían forzado el bautismo y que si estaban hablando en lenguas, lo estaban haciendo "en la carne" debido a que se habían apresurado hacia este bautismo. Esto se convirtió en otro cliché: que alguien pueda hablar en lenguas en la carne lo mismo que en el Espíritu Santo, y que era necesario tardarse y esperar para que llegara la venida o la unción del Espíritu Santo, y que una persona pudiera hablar en lenguas.

Esta posición por supuesto, ignora la verdad obvia, tal y como la encontramos en 1 Juan 2:27, que indica que la unción del Espíritu Santo habita dentro de nosotros, y que el Espíritu Santo nos enseñará todas las cosas. Obviamente, si el Espíritu Santo habita dentro de nosotros como un visitante que ha sido bienvenido, ¡ya no tenemos que esperar por Él para qué llegue, siendo que ya se encuentra dentro de nosotros! Por lo tanto, una persona llena con el Espíritu Santo en cualquier momento puede comenzar a alabar en lenguas, lo cual es la experiencia más edificante, que fue recomendada fuertemente y practicada por el apóstol Pablo. (Véase 1 Corintios 14:2–4,14–18).

Hoy en día no existe propósito alguno en tardarse y estar esperando después de un encuentro

pentecostal. Todo lo que tenemos que hacer es abrirnos
en nuestro espíritu humano
y recibir el Espíritu Santo, y
tan pronto como cooperamos
con Dios y hablamos las palabras que Él nos da, vamos
experimentar el flujo de la

Debemos alcanzar por la fe, y aceptar los dones de Dios.

glossolalia, que es el hablar en otras lenguas. Si
rehusamos abrir nuestra boca y comenzar a hablar, y ponernos esperar por años, esto será nuestra culpa y no la culpa de Dios. Lejos de producir
una santificación progresiva, el hecho de tardarse y esperar por un largo tiempo en algunos casos
ha producido grandes derrotas y desolación, junto con el hecho de que muchos han abandonado
la búsqueda del Espíritu Santo completamente.
¡Mientras tanto, ellos mantienen sus bocas cerradas a medida que están esperando que Dios haga
todo por ellos!

De nuevo, este asunto de Dios llamando al
hombre para que éste rebozando, consiste en una
cooperación mutua entre el hombre y Dios. ¿Acaso
no hallan este mismo tipo de excusa muchos que
están deseando la sanidad? Ellos dicen, "Si Dios
quiere que yo sea sanado, Él va a sanarme". ¡No
es así! Debemos abrirnos en fe, recibiendo su
sanidad y apropiárnosla completamente. De la
misma forma, todos aquellos que están buscando

hambrientamente ser bautizados en el Espíritu Santo deben tomar y recibir de Dios. El poder se va a manifestar a través de nosotros, solo a medida que abrimos la llave de nuestras lenguas y hablamos en voz alta. Este principio se aplica igualmente para los dones de interpretación y de profecía.

Afortunadamente, en este derramamiento carismático actual, la enseñanza de tener que tardarse y estar esperando es relativamente desconocida. Miles de gentes están recibiendo el bautismo en el momento que las manos se están imponiendo sobre de ellos, y ellos están usando sus labios y lenguas para hablar en voz alta las alabanzas de Dios. A medida que tú estás leyendo, si tú has comenzado a declarar la preciosa sangre de Jesús como parte de tu oración, no debe sorprenderte si tú comienzas a hablar en otras lenguas a medida que el Espíritu Santo te da la unción para que lo hagas. (Véase Hechos 2:4).

PROTOCOLO CELESTIAL

Existe un protocolo divino. De la misma forma como un guerrero medieval se presentaba delante de un rey para recibir una medalla o galardón, así nosotros debemos comparecer ante la presencia del Hijo de Dios para recibir este don. ¡El hecho de comparecer delante de Jesús en el cielo es un pensamiento tremendamente sobrecogedor! Entrar a la habitación del trono de gloria requiere que nos acerquemos a Cristo Jesús en la forma correcta, tal y como Él se encuentra sentado en su trono. ¿Cual es la manera correcta? Es la manera de la sangre de Jesús. Cuando el sumo sacerdote entraba al lugar santísimo en el tabernáculo del Antiguo Testamento, él entraba con la sangre de un sacrificio y la rociaba sobre el propiciatorio. El lugar santísimo representaba el cielo, que es el mismo lugar de habitación de Dios, y el propiciatorio tipificaba a su Hijo Jesús, debido a que Él es nuestro lugar de reposo al final de nuestro viaje del pecado, y Jesús se roció a si mismo en su propia sangre. A medida que nos acercamos al propiciatorio, abrazamos y recibimos esa sangre que fue derramada por nosotros.

Cuando sucedió el derramamiento del Espíritu Santo en los comienzos del Siglo XX, especialmente en las islas británicas, muchos recibieron una nueva revelación con relación a la sangre de Jesús. Se dieron cuenta muy rápidamente a través de estos pioneros del pentecostal, que Dios honraba la oración de la sangre de Jesús. La práctica de "declarar la sangre de Cristo" se convirtió en el punto central

La sangre de Jesús es el precio pagado por cada bendición redentora.

de muchos, y todos aquellos que buscaban el bautismo en el Espíritu Santo por medio de declarar o de honrar la sangre de Jesús, rápidamente recibían esos bautismos en una forma y dimensión muy profunda. Algunas personas, de hecho, vieron ríos de sangre en visiones, a medida que ellos usaban esta palabra en sus oraciones. Muchas visiones fueron impartidas, y se escucharon muchas profecías que magnificaba la sangre de Jesús.

¿Qué es lo que significa esta revelación? Sabemos que las Escrituras enseñan que *"por precio habéis sido comprados"* (1 Corintios 6:20), y esto significa que ya no nos pertenecemos a nosotros mismos. Pertenecemos a Jesús, y el precio de nuestra redención fue pagado a través de la sangre de Jesús, la cual contiene su vida misma. Una simple analogía nos ayudaría para poder entender este concepto. Si vamos a una tienda a comprar un artículo que cuesta un dólar, y ofrecemos este dólar a la cajera o cajero a la salida de la tienda, nos van a entregar ese artículo sin pregunta alguna. No tenemos que tratar de convencer al gerente de la tienda que somos suficientemente dignos para poseer ese artículo, y tampoco tenemos que impresionarlo a través de nuestros argumentos muy bien articulados. Simplemente pagamos el dinero y recibimos el artículo que queremos. Ahora, ¿cuál es el precio que ha sido pagado por cada bendición redentora? Obviamente, la sangre de Jesús. Por lo tanto, no es necesario hacer oraciones muy largas, ni estar golpeando las sillas de la iglesia, o estar gritando al cielo insistentemente, o rodarse en el piso para poder atraer la atención de Dios, que nos da el don del Espíritu Santo. Debes notar que el bautismo en el Espíritu Santo es un don o un regalo, y por lo tanto es algo completamente gratuito para nosotros, debido a que Jesús lo compró con su propia sangre.

La analogía se rompe un poco en este punto debido a que nosotros no ofrecemos nada a cambio de este don; al contrario, simplemente honramos el precio que Jesús ya pagó. Debes recordar que aunque el don glorioso del Espíritu Santo es completamente gratuito para nosotros, aunque de todas formas hubo un precio que tuvo que ser pagado por esta bendición. Todo lo que tenemos que hacer es entrar a la presencia de Jesús en el cielo y simplemente decir, "Señor Jesús, declaramos tu sangre; honramos tu sangre". Dios sabe que no existe otra persona que nos pueda dar este don sino solamente su propio Hijo Jesús, y Dios sabe que debido a que Él lo prometió, Él se lo da a todo aquel que lo busca en fe, honrando el precio. El no tiene otra opción más que darnos este don tan asombroso. Tan pronto como lo recibimos, ¡lo usamos y se manifiesta en lenguas desconocidas!

La sangre de Cristo Jesús también es el precio pagado por nuestra redención, porque *"por precio habéis sido comprados"* (1 Corintios 6:20). Por lo tanto, la sangre de Jesús es el único tipo de moneda reconocida en el cielo, que es el Lugar Santísimo de Dios. Debes recordar que aunque el Espíritu Santo nos es dado en forma gratuita, este don tan precioso tuvo que ser comprado para nosotros al inconmensurable precio de la sangre derramada de Jesús. Alguien tenía que pagar el precio. Por lo tanto, nos acercamos a Jesús en la habitación de su trono en el cielo, primeramente por medio de adorarle en nuestro espíritu, en forma callada y reverente. Entonces, tomamos su sangre preciosa por la fe, y comenzamos a esparcir gotas de ella ante su presencia, ¡demostrando de esta manera que toda nuestra fe está centrada en la sangre de Jesús, y no en nosotros mismos, ni en nuestra propia justicia, o denominación, o raza, o educación! Nuestra fe está basada solamente en la sangre de Jesús.

Cada vez que mencionamos la palabra *sangre* en voz alta, es como estar salpicando una gota. A medida que la declaramos varias veces en repeticiones simultáneas, estamos ofreciendo diversas gotas. Trata de limpiar tu mente de cualquier otro pensamiento, para concentrarte solamente en el sacrificio del Calvario y en la sangre que fue derramada en la cruz. Si tú la ofreces libremente por medio de rociarla o por medio de repetirla varias veces en voz alta, Jesús te va a responder, y rápidamente tú vas a sentir que el Espíritu Santo inunda todo tu ser. En este punto, debes someter tu lengua, tomando las palabras que te da el Espíritu Santo, y debes comenzar a adorar a Dios en esas lenguas desconocidas. Tú necesitas estar relajado y en un espíritu de adoración. Si estás tenso, relájate y siéntate, igual como estaban los discípulos sentados en el día de Pentecostés en el aposento alto. (Véase Hechos 2:1–2).

En la experiencia inicial del Pentecostés, de todos aquellos que se encontraban reunidos en el aposento alto, está registrado que *"todos fueron llenos del Espíritu Santo y **comenzaron a hablar** en otras lenguas, según el Espíritu les daba habilidad para expresarse"* (Hechos 2:4, se añadió énfasis). ¡Tanta gente tiene la idea equivocada de que el Espíritu Santo fue el que comenzó a hablar! Éste fue un asunto de una cooperación mutua. Tal y como el bautismo en agua, el candidato se relaja y confía que el ministro lo va a sepultar bajo el agua, y por lo tanto, de la misma manera, debe relajarse y confiar que el Espíritu Santo va a venir a nosotros y nos va a dar las palabras que sólo nosotros debemos comenzar a hablar en voz alta. Si nosotros no abrimos la boca para hablar, las

> *Si no hablamos, las palabras del Espíritu Santo no pueden ser escuchadas.*

palabras del Espíritu Santo no puede ser escuchadas, y por lo tanto no va a haber ningún flujo o fluir del Espíritu Santo. De hecho, nuestras lenguas se convierten como en una llave de agua que debemos abrir ¡para permitir que el río de vida fluya completamente! *"Todos...comenzaron a hablar...según el Espíritu les daba habilidad para expresarse".*

El Espíritu Santo es un invitado. El no te va a obligar a hacer ninguna cosa. Si tú quieres hablar sus palabras celestiales y divinas, ya sea en lenguas o en profecía, o en alguna otra demostración carismática, tú debes usar tu propia fe y comenzar a hablarlo en voz alta. A medida que las palabras de Dios fluyen a través de ti, pasando por encima de tu mente, tú vas a poder escuchar la mente de Dios siendo hablada en voz alta, de la misma manera como los demás que estén escuchando el sonido de tu voz.

El hecho de declarar la sangre de Cristo también logra realizar algo más. Tan pronto como tú enfocas tu mente para acercarte a Jesús y pedirle el don del Espíritu Santo, el diablo va a mandar sus fuerzas demoníacas para tratar de detenerte y que no recibas este don. El va a tratar de ponerse entre tú y Dios que te quiere dar el don. La declaración audible o el hecho de salpicar la sangre de Jesús por medio de repetir la expresión *sangre de Jesús*, hace que el diablo y todas sus huestes tengan que retroceder y huyen completamente alarmados, y esta es la razón de por qué muchas gentes han experimentado una inmersión repentina en el Espíritu Santo, y terminan adorando a Dios en voz alta con esas lenguas desconocidas. La sangre le habla a Dios acerca de la misericordia, el perdón, y la gracia, pero para el diablo le habla acerca de la derrota, y de que todas sus fuerzas han sido esparcidas huyendo por todos lados, y están llenos de consternación.

Necesitamos tener en mente que algunos cristianos que se acercan para recibir el bautismo en el Espíritu Santo todavía se encuentran atados en ciertas áreas de su vida por medio de cosas malvadas de satanás. Los hábitos malos y los pensamientos malvados todavía son plagas que invaden a muchos hijos de Dios. Este tipo de cristianos normalmente tienen problemas para poder recibir su pentecostal personal a través de algunos de los métodos más conocidos para buscar el Espíritu Santo. Se ha podido entender tan poco acerca del ministerio de liberación, que muchos cristianos que están atados han estado alabando en iglesias del Evangelio Completo durante años, hasta que finalmente se desaniman de tal manera, que terminan por no buscar más el don del Espíritu Santo. Esto no debería suceder. El hecho de declarar la sangre va a revelar esos espíritus que están atando las vidas, y entonces se les puede combatir y echar fuera de la persona que está orando junto con el ministro que lo está impartiendo. Algunas personas que buscan ser llenas con el Espíritu Santo no les gusta declarar la sangre de Jesús, y consideran esto como algo tonto o repulsivo, pero a medida que son motivados, ellos tal vez lo encuentren como algo muy difícil, sino imposible, cuando se trata de repetir la palabra *sangre*. Solamente la oración de fe en la liberación puede desatar a este tipo de gentes para que puedan estar listas y abiertas para la llenura del Espíritu de Dios. El temor es uno de estos espíritus que está atando a las gentes, aparte de los malos hábitos y malos pensamientos.

BAUTISMOS FALSOS

También se debe mencionar con relación a algunos bautismos en el Espíritu Santo que son completamente falsos. La gente puede estar poseída de un espíritu maligno por años y estar completamente atada. Este tipo de personas pueden estar buscando la llenura del Espíritu Santo, pero no van a ser capaces de recibirlo debido a que *"otros...espíritus"* (Mateo 12:45) están insistiendo en tomar dominio sobre ellos, especialmente en los servicios de alabanza. Muy frecuentemente estos son espíritus religiosos que están estimulando las cosas de Dios. En lugar de que sea el Espíritu Santo el que llegue, dando palabras para el candidato gozoso, para que esta persona pueda alabar a Dios, el espíritu inmundo que ya se encuentra dentro de esta persona, va a comenzar a hablar en otro lenguaje, pero la mirada en la cara de la persona muy frecuentemente va a estar muy lejos de estar llena de paz, de gozo y reposo; va a ser una mirada demoníaca y tensa, y la voz muy probablemente va a ser en un tono histérico. Más aún, la vida de la persona que está en este tipo de experiencia no va a poder mostrar los frutos del Espíritu Santo, lo cual va a ayudar a explicar algunos de los bautismos extraños que hemos visto y escuchado en muchas de las iglesias. La persona que está buscando ser llena con el Espíritu Santo comienza por medio de declarar la sangre de Jesús en fe, cuando se está acercando al propiciatorio, y estos espíritus inmundos se verán obligados a darse a conocer, y podrán ser echados fuera, dejando libre a este individuo.

Esta exposición impactante de las obras tan sutiles del diablo no debería alarmarnos. La Biblia está llena de casos de demonios que están gritando y usando palabras que son muy bien entendidas, tales como *"Qué tenemos que ver contigo, Jesús de Nazaret? ¿Has venido a destruirnos? Yo sé quién eres: el Santo de Dios"* (Marcos 1:24). Este tipo de sucesos son tolerables cuando leemos acerca de ellos en la Biblia, pero cuando saltan fuera de las páginas de la Biblia y suceden dentro de nuestras iglesias hoy en día, nos llenamos de temor. Si el Espíritu Santo puede darnos la habilidad de *"hablara lenguas humanas y angélicas"* (1 Corintios 13:1), ¿acaso no los espíritus malignos también podrían hablar a través de nosotros en lenguas desconocidas, así como en lenguas conocidas? La sangre de Jesús es la única salvaguarda que tenemos. Es más que suficiente. El diablo no puede penetrar la sangre de Jesús, ¡pero él huye cuando cantamos, cuando gritamos, y cuando declaramos la sangre de Jesús!

Honrando la sangre

En el mismo momento en que comenzamos a honrar y a declarar la sangre de Jesús, existe una reacción instantánea en el cielo. El honor de Dios está obligado a darnos la bendición porque una vez más estamos hablando acerca de la sangre preciosa de Jesús en fe, y la estamos honrando o esparciendo, como los sacerdotes hicieron con la sangre de los sacrificios en los tiempos del Antiguo Testamento; pero ahora, como sacerdotes del Nuevo Testamento, estamos ofreciendo a Dios el sacrificio espiritual de la sangre de Cristo Jesús. (Véase 1 Pedro 2:5). No ofrecemos sangre en forma literal tal y como lo hicieron los sacerdotes en el tiempo del Antiguo Testamento, pero ahora nosotros ofrecemos o esparciendo la sangre de Jesús en forma espiritual.

El bautismo en el Espíritu Santo y la sangre de Jesús

En los primeros días del derramamiento del Espíritu Santo, la gente que se encontraba hambrienta y que era sincera, simplemente venía ante el Señor Jesús buscando este don. Ellos se relajaban, y muchos de ellos ponían sus manos en una forma como si estuvieran ofreciendo una ofrenda, lo cual estaban haciendo, pero se trataba de una ofrenda espiritual. Igual que los sacerdotes de antaño salpicaban muchas gotas de sangre, nosotros también podemos hacerlo como sacerdotes del Nuevo Testamento, salpicando muchas gotas de sangre en forma espiritual.

Cada vez que repetimos la palabra *sangre* con nuestros labios, esto es una oración y un acto de fe. Solamente estamos ofreciendo la sangre preciosa de Jesús, que es el precio pagado por esta bendición redentora. El efecto de este tipo de oración es asombroso. El Espíritu Santo va a descender sobre nosotros casi en forma instantánea, y entonces tal vez va a ser difícil que podamos seguir repitiendo la palabra *sangre*. Algo extraño va a comenzar a suceder en nuestras mandíbulas y en nuestras lenguas, y es en este punto que tenemos que dar lugar al Espíritu Santo y tomar las palabras que Él nos da, y estas palabras van a comenzar a fluir a través de nosotros a medida que nosotros dejamos de repetir la palabra *sangre*, y solamente comenzamos a hablar las palabras del Espíritu Santo. A medida que comenzamos hacer esto, es como abrir una llave de agua, y entonces, el agua viva comienza a fluir de nuestros labios y de nuestras lenguas. Ahora ya nos encontramos hablando en otras lenguas, tal y como el Espíritu Santo nos da para que hablemos.

HABLAR EN VOZ ALTA

Es muy importante que podamos entender que *somos nosotros* los que hablamos. Vamos a referirnos nuevamente a Hechos 2:4 donde leemos que fueron los discípulos quienes *"comenzaron a hablar en otras lenguas"*. Si ellos hubieran rehusado cooperar y abrir la válvula, ¡no hubiera existido ningún flujo del agua viva! Algunas personas se ponen a esperar para que sea Dios quien comience a hablar, y por lo tanto ellos rehúsan orar, ¡y mantienen sus bocas cerradas! Otras personas están tratando de buscar en el idioma inglés o cualquier otro tipo de idioma que ellos tengan. Ellos se ponen a rogar por algo que por derecho ya les corresponde. Es el don del Espíritu Santo. Algunas reuniones antiguas para buscar el Espíritu Santo eran muy penosas, y muchos oraban y oraban por años pero nunca recibían nada. Si ellos hubieran conocido la forma de honrar la sangre de Jesús, ellos hubieran podido recibir.

El ministro Smith Wigglesworth solía decir que cuando profetizamos o interpretamos, las primeras palabras salen de nuestra mente, y entonces, a medida que seguimos hablando, el Espíritu Santo toma el control y el flujo le pertenece completamente a Dios. Por lo tanto, la forma inicial para acercarnos a Dios debe ser abriendo nuestras bocas y hablando en voz alta. Sin embargo, es más que suficiente que simplemente honremos la sangre de Jesús. Entonces, a medida que el Espíritu Santo comienza a darnos esas palabras sobrenaturales, nosotros simplemente vamos a continuar hablándolas—y no debemos detenernos—y entonces, vamos a poder escucharnos a nosotros mismos hablando en otras lenguas tal y como el Espíritu Santo nos da para que hablemos.

Muchas personas cometen el error de pensar que ellos van escuchar las palabras en su mente antes de que las comiencen a decir en voz alta. Esto no sucede así, porque el Espíritu Santo fluye solamente a través de nuestro espíritu humano y nunca a través de nuestra mente, de hecho, pasando por alto completamente a nuestra mente. Cuando comenzamos a hablar en nuevas lenguas, nos vamos escuchar a nosotros mismos y vamos a escuchar estas palabras extrañas de la misma forma como otros las escuchan. Sucede lo mismo con la profecía. Nosotros no sabemos qué es lo que vamos a decir; vamos a estar escuchándolo a medida que los demás también lo escuchan y todos vamos a ser bendecidos.

El Poder de la Sangre

Yo recuerdo muy bien a una dama que vino a nuestra iglesia alrededor del año 1950. Ella fue enviada a través de un pariente mío, quien le dijo que yo podría orar por ella para que ella pudiera recibir el Espíritu Santo. No le dijeron absolutamente nada de lo que podría suceder. Lo único que le había sido explicado a ella, es que esta era una gran experiencia que tenía que tener; por lo tanto esta dama vino a buscarme. Yo simplemente le pedí que declarara o repitiera la palabra *sangre*, lo cual ella hizo muy obedientemente. Casi de inmediato ella explotó adorando a Dios en un nuevo lenguaje, y entonces ella se detuvo y me miró llena de asombro, diciendo, "¿Qué es eso?" Yo estaba un poco entretenido con esto, pero la motivé para que continuara, lo cual hizo de inmediato con lágrimas de gozo que corrían por su rostro. Más tarde, se le dieron explicaciones a esta mujer directamente de la Biblia para que ella pudiera entender de lo que se trataba.

Dondequiera que yo he tenido el privilegio de ministrar en muchos países del mundo, yo he enseñado este método para buscar el don de Dios del bautismo en el Espíritu Santo. Casi el 100 por ciento de aquellos que han venido a buscarlo, han hablado en lenguas desconocidas a medida que eran motivados. Algunos vinieron llenos de desánimo y dudas, debido a que se habían acercado a Dios con una falta de entendimiento.

Ellos habían tratado de hablar en el idioma inglés. Ellos habían estado todos tensos y gritando. Ellos habían estado rogando e implorando y buscando a Jesús—y nada había sucedido. Ellos no entendieron que es imposible hablar en el idioma inglés con la mente, y al mismo tiempo hablar en lenguas por el Espíritu Santo. Tenemos que poner la mente fuera de este lugar y darle la preferencia a nuestro espíritu humano. Las cosas del mismo tipo van con las cosas del tipo similar—el Espíritu de Dios se comunica con nuestro espíritu humano, Espíritu con espíritu.

VENCIENDO LAS DIFICULTADES

Otras personas se han acercado nosotros, las cuales no estaban completamente dedicadas al Señor Jesús. Ellos se encontraban siguiendo de lejos, pero de todas formas querían las bendiciones. Probablemente se encontraban atados por algún mal hábito, o tenían algún espíritu de rencor o alguna actitud de crítica hacia la gente. Tal vez habían sido involucrados en alguna forma de ocultismo, tales como los horóscopos, el espiritismo, o las tablas de cuija, y ellos habían atraído hacia sí mismos muchos espíritus inmundos. Estos espíritus van a reaccionar rápidamente cada vez que declaramos la sangre de Jesús, la cual va a realizar una limpieza obligando que estos espíritus salgan de los lugares donde se esconden. Muy frecuentemente, las liberaciones comienzan entre estas gentes, cuando ellos comienzan a declarar la sangre de Jesús, y ellos van a comenzar tosiendo o ahogándose, a medida que los espíritus están siendo echados fuera de ellos, debido a la declaración y al clamor de la sangre de Jesús. A medida que ellos continúan, la liberación se lleva a cabo, y entonces la toz es reemplazada por el hablar en lenguas, lo cual aumenta gradualmente en volumen y en claridad. Algunas veces, la persona que está siendo liberada va a hablar en lenguas, entonces va a toser, entonces va a hablar en lenguas otra vez, entonces a toser nuevamente, y todo esto se repite hasta que el canal ha sido limpiado y las lenguas son completamente claras. En casos como éstos, es obvio que la persona que está buscando ser llena del Espíritu Santo, de hecho se está ayudando a si misma en esta limpieza, por medio de usar la sangre de Cristo como el elemento purificador.

Muchas gentes en el pasado, nunca han sido capaces de recibir el bautismo en el Espíritu Santo, debido a que se encontraban atados y no sabían la forma de poder liberarse, y sus pastores tampoco sabían nada de esto. Esto ha sido estrictamente un asunto de tratar de tirar al blanco y fallar, y ha causado que el desaliento descienda sobre aquellos que se encontraban atados. ¡Pero el uso de la sangre de Jesús va a poner al descubierto a los espíritus inmundos que el diablo puso en ellos para resistir la venida del Espíritu Santo! Yo he podido ayudar a muchas de estas personas que han estado buscando la llenura en el Espíritu Santo por años en forma crónica, porque en primer lugar, ellos necesitaban una buena medida de liberación, antes de que el Espíritu Santo pudiera entrar en ellos.

Muchos que han leído acerca de este método, han podido aplicar estas instrucciones. Yo recibí una carta de un hombre que dirigía clases de la Biblia en Nigeria, en África Occidental. Todos sus estudiantes eran evangélicos y ninguno había recibido el bautismo en el Espíritu Santo. Él les dio instrucciones a todos ellos para que comenzaran a declarar la sangre de Jesús, y en muy corto tiempo veinte nigerianos estaban adorando a Dios en lenguas desconocidas. Lo único que él había tenido que hacer era leer y actuar en lo que algunas de mis enseñanzas tempranas instruían acerca de este tema. Es mi oración y declaración que miles de gentes van a buscar la bendición de Dios del bautismo en el Espíritu Santo, por medio de acercarse al propiciatorio en el cielo, donde se encuentra Jesús. Él va a responder y te va a llenar rápidamente con el Espíritu Santo.

NUEVAS DIMENSIONES

Esta experiencia tan gloriosa solamente puede ser apreciada *después* de que la recibes. Este don te va a introducir a una nueva dimensión de poder con Dios. No altera tu estatus como hijo de Dios, porque Jesús siguió siendo el Hijo de Dios antes y después de que Él fuera ungido con el Espíritu Santo en el río Jordán. Desperdiciamos nuestro tiempo con todos aquellos que se nos oponen, si tratamos de discutir con ellos acerca de esta bendición, porque en primer lugar, y para poder adquirirla, tenemos que estar sedientos. Si nuestros amigos no están sedientos, el bautismo en el Espíritu Santo no es para ellos.

Es maravilloso poder ver hoy en día a medida que las gentes comienzan a hablar en otras lenguas desconocidas. Sus rostros se iluminan, y una nueva apariencia de gloria se puede ver en ellos, siendo que ellos caminan en forma más ligera, y las alabanzas se pueden escuchar saliendo de sus labios. "Aleluya" y "Gloria al Señor" se convierten en las palabras normales, ¡y esto para la vergüenza de algunos de sus amigos cristianos que se encuentran completamente secos!

Once

Protección a través de la sangre de Jesús

Tal y como he explicado anteriormente, la palabra *expiación* significa "una cubierta". Nosotros como creyentes podemos ser protegidos con una cubierta impermeable que nos mantiene a salvo del enemigo.

EL PODER PERMANENTE DE LA SANGRE DE JESÚS

Esta es la forma como el apóstol Juan nos enseñó que *"el maligno no...toca"* al creyente (1 Juan 5:18). Para que podamos calificar para este tipo de protección, sin embargo existe un requisito, y este es que *"sabemos que todo el que ha nacido de Dios, no peca; sino que aquel que nació de Dios le guarda"* (versículo 18). Esto básicamente significa que los creyentes deben mantenerse a sí mismos conscientemente y consistentemente bajo la sangre de Jesús. Todo pecado que no ha sido confesado no se encuentra bajo la sangre de

Cristo; solamente cuando es confesado y olvidado es que nos encontramos cubiertos y protegidos.

He recibido cartas de muchas partes del mundo contándome acerca de liberaciones espectaculares que se llevan a cabo, cuando la gente ha declarado en voz alta la sangre de Jesús, después de haber leído alguna edición anterior de este mismo libro. Por supuesto, que no solamente declaramos la sangre de Jesús en contra del diablo y de todos sus demonios, sino también ordenamos en el nombre de Jesús que satanás suelte a estas gentes. La declaración en voz alta de la sangre de Cristo, en forma general tiene que ser usada conjuntamente con las órdenes dadas en el nombre de Jesús. Esto es especialmente importante cuando estamos ministrando a otras personas. Necesitamos declarar la sangre de Jesús para mantenernos a nosotros mismos a salvo de cualquier ataque satánico, mientras que la persona que está siendo ministrada está siendo liberada de esas ataduras tan terribles.

Podemos dar testimonio tras testimonio de todos aquellos que ministran a los demás a través del poder de la sangre de Jesús, y que se atreven a oponerse al diablo en todo lo que él obra en la humanidad. Sin embargo, mi experiencia muestra, que aún muchos cristianos se encuentran atados y oprimidos cruelmente por los demonios; de hecho, son los cristianos los que están buscando liberación hoy en día, mucho más que los incrédulos.

PROTECCIÓN EN EL CAMINO

En el invierno del año de 1971, yo había tomado un grupo de catorce jóvenes para llevarlos a esquiar en el lago Simcoe, en Ontario, Canadá. Yo estaba manejando una camioneta que tenía las llantas delanteras completamente lisas. En nuestro viaje de regreso, tuvimos que manejar en un camino que estaba lleno de hielo, y la parte delantera del vehículo se fue completamente fuera de control, llevando al vehículo a una cuneta llena de nieve. A medida que me estaba desviando del camino, yo estuve declarando la sangre de Jesús en voz alta, y el automóvil se pudo detener en una cuneta de nieve a una distancia como de 30 a 40 centímetros de un poste de teléfono. Uno se puede imaginar lo que hubiera sucedido si hubiéramos golpeado al poste de teléfono de frente. ¡La sangre de Jesús nos salvó! Muy pronto fuimos rescatados por una grúa y continuamos nuestro camino regocijándonos grandemente.

Sin que nosotros lo supiéramos, mi esposa se encontraba adelante de nosotros en la carretera 400, que también estaba completamente cubierta de hielo. De repente, su carro también perdió completamente todo el control, y comenzó a derrapar en círculos. Mi esposa declaró la sangre de Jesús en voz alta, y el automóvil vino a un alto total pero dando la cara en sentido contrario en contra de una cuneta de nieve. ¡Del otro lado de esta cuneta de nieve había un abismo de más de 5 metros de altura! Una vez más, ella fue salvada por la sangre de Jesús. El diablo había planeado cuidadosamente un ataque sobre todos nosotros, pero pudimos enfrentarlo y derrotarlo por medio de declarar la sangre de Cristo Jesús.

Cheques certificados

Un testimonio más raro viene del reverendo W. G. de la ciudad de Phoenix, estado de Arizona. Un día, el decidió esparcir la sangre de Jesús sobre el cheque de su sueldo. ¡En muy corto tiempo, él recibió un aumento de sueldo! Una de las damas cristianas que lo conocían, decidió entonces hacer lo mismo y recibió un bono inesperado en dinero en efectivo. Yo sé que muchos cristianos con una mentalidad carnal se burlan de este tipo de testimonios. Sin embargo, los cristianos carnales nunca van a poder entrar para pelear en contra de las ataduras del diablo, ¡y mucho menos con relación a los asuntos de salarios y posesiones!

Siempre tienes que darte prisa a declarar la sangre de Jesús, cada vez que te des cuenta que el diablo te está atacando, ya sea en forma física o en forma emocional. Los días lunes tan tristes se convierten en días de gozo para todos aquellos que se cubren con la sangre de Jesús. Pero tú debes usarla; tú debes esparcirla por medio de la fe.

PROTECCIÓN EN CONTRA DE LOS LADRONES

Una dama que originalmente acostumbraba adorar en nuestra iglesia hace algún tiempo, se fue a trabajar como enfermera en la ciudad de Chicago y un día en forma repentina fue atacada cuando era de noche por dos muchachos jóvenes, uno de los cuales estaba portando un cuchillo. Esta dama vio al joven que se aproximó hacia ella con el cuchillo apuntándole directamente a su estómago. Su primera reacción fue paralizarse, pero entonces ella recordó la autoridad que tenía como una hija de Dios, y ella declaró la Palabra. Ella dijo, "Yo declaró la sangre de Jesús en contra de ti, y te reprendo en el nombre de Jesús". Entonces, caminando hacia el muchacho ella dijo, "Dame ese cuchillo", y el muchacho lo soltó de su mano. Ella entonces se movió hacia él y dijo, "Tú quédate parado ahí dónde estás". Entonces, ella le ordenó al segundo muchacho—en el nombre de Jesús—que se fuera a un edificio que se encontraba al lado, y que llamará a la policía para que viniera a recogerlos. Él la obedeció de inmediato. Cuando la policía llegó, el joven que había llamado a la policía huyó. La policía arrestó al muchacho a quien ella había detenido con el cuchillo en la mano; más tarde ellos arrestaron al otro muchacho también. Esta dama no sufrió daño alguno debido a que Jesús dijo lo siguiente: *"Nada os hará daño"* (Lucas 10:19).

¿Una sola mujer hizo esto? Si, pero ella es "[poderosa] *en Dios para destrucción de fortalezas"* (2 Corintios 10:4).[11]

REBOZANDO ESPONTÁNEAMENTE

A finales del mes de enero del año de 1908, en la ciudad de Westport Hall, en Kilsyth, en Escocia, hubo una visitación del Espíritu Santo que comenzó en forma espontánea por medio de declarar la sangre de Jesús. Un hermano llamado John Reid que se encontraba sentado en medio del grupo de oración, de repente levantó su mano y comenzó a declarar la sangre de Jesús, diciendo, "¡Sangre, sangre, sangre!" De inmediato el Espíritu Santo descendió sobre todo este grupo, y trece gentes muy jóvenes se pusieron en sus rodillas y comenzaron a hablar en otras lenguas. Fue la declaración de la sangre de Jesús lo que trajo este derramamiento del Espíritu Santo.

Alrededor de este mismo tiempo fue que la Señora Woodworth-Etter estaba teniendo sus grandes reuniones en las ciudades de Los Ángeles y Chicago. Ella solía levantar sus manos y decirle a la gente, "Yo rocío la sangre de Jesús sobre ustedes", y entonces, ella hacía un movimiento con sus manos como si en realidad la estuviera esparciendo. La gente venía corriendo al frente del auditorio, y muchos caían postrados, hablando en lenguas y recibiendo sanidad.

La declaración de la sangre de Jesús fue una revelación del Espíritu Santo que fue aceptada en los primeros días del derramamiento pentecostal. Sin embargo, igual que muchas otras revelaciones divinas, se fue perdiendo a medida que la organización del hombre vino a reemplazar la obra sobrenatural del Espíritu Santo. Pero dondequiera este mensaje es predicado hoy en día, sigue siendo recibido con mucho gozo. Y cada vez que la sangre de Jesús es usada, trae resultados asombrosos. Verdaderamente que somos *"más que vencedores"* (Romanos 8:37) por medio *"de la sangre del Cordero"* (Apocalipsis 12:11).

Uno de los primeros pioneros en Escocia, el pastor Andrew Murdoch de la ciudad de Kilsyth, recibió el bautismo en el Espíritu Santo a principios del año 1908. Su esposa recibió una visión acerca de la sangre que estaba corriendo como una cascada en su recámara, y ella estaba muy asustada. Ella clamó en voz alta, "¡Sangre, sangre, sangre!" Y llamó a su marido. Él le aseguró a ella que esta visión venía de Dios. Ese mismo día ella recibió el bautismo en el Espíritu Santo, hablando en otras lenguas desconocidas. La cascada de sangre continuó en la visión de ella durante un tiempo, recordándole del flujo poderoso que viene directamente del Calvario, lavando todo pecado y toda inmundicia. El Espíritu Santo dio estas experiencias sobrenaturales a gentes de Dios que estaban despiertas y dispuestas a la realidad de la sangre de Jesús y a la conexión vital que existe entre la sangre de Jesús y el bautismo en el Espíritu Santo.

LA SUPERVISIÓN Y EL DERRAMAMIENTO

En el mes de febrero de 1908, un hombre llamado William Macrea se encontraba orando en su casa ubicada en Kilsyth, y Dios le hizo conocer por medio de una revelación que dos hombres iban a venir de la ciudad de Glasgow, con la intención de supervisar el servicio en una iglesia. Ninguno de estos dos hombres había recibido la experiencia pentecostal. El Espíritu Santo habló y le dijo que tenía que impedir que estos hombres se acercaran a la plataforma. Sin embargo, cuando llegó el tiempo para que comenzara la reunión, no fue fácil tratar de realizar esto, y a los hombres se les permitió supervisar todo el servicio.

Macrea mantuvo a los ancianos y a los diáconos en una habitación trasera y les pidió que declararan la sangre de Jesús. Mientras que ellos estaban haciendo esto, el Señor Jesús reveló todo lo que estaba sucediendo en la reunión. Uno de los hombres que venía de Glasgow se puso de pie para cantar, pero el Espíritu Santo reveló a los hombres que estaban orando, ¡que este hombre solamente estaba tratando de lucir su voz! Los ancianos y los diáconos siguieron declarando la sangre de Jesús, creyendo que el Señor iba a obrar en medio de esta reunión. En muy pocos días, estos dos hombres recibieron el bautismo en el Espíritu Santo. Además de esto, cuarenta y tres gentes fueron bautizadas en el Espíritu Santo ese mismo fin de semana por medio de declarar la sangre de Jesús. Esta es la forma como el derramamiento del Espíritu Santo comenzó en Escocia a principios del año de 1908.

Por este mismo tiempo, varias gentes viajaron de los Estados Unidos a Kilsyth para recibir el bautismo en el Espíritu Santo. Estas gentes habían recibido oraciones muchas veces con la imposición de las manos, pero nunca había sucedido absolutamente nada. Pero cuando llegaron a Escocia y comenzaron a declarar la sangre de Jesús, todos ellos recibieron el Espíritu Santo muy rápidamente. ¡No es de asombrar el hecho de que Juan nos dijo que el Espíritu Santo y la sangre de Jesús están completamente de acuerdo! (Véase 1 Juan 5:8).

Derrotando las herencias impías

Yo recuerdo muy bien la primera vez que comencé a pedir por el bautismo en el Espíritu Santo en el año de 1939. Mi madre y su familia habían estado profundamente involucradas en el espiritismo, lo cual había afectado a toda nuestra familia. Muchas tragedias habían estado sucediendo en nuestra familia debido a esto, aunque mi madre no estaba consciente de las causas de todo esto. Supongo que yo también me encontraba contaminado con este espiritismo mucho más de lo que yo podía darme cuenta, porque la suciedad espiritual se transmite y se extiende rápidamente, y sólo la sangre de Jesús puede limpiarla completamente. Sin embargo, yo no estaba consciente de esta contaminación; yo sólo sabía que necesitaba el bautismo en el Espíritu Santo. Recuerdo muy claramente la forma cómo me arrodillé junto a una silla y comencé a orar. Estuve orando por mucho tiempo, pero ni una sola vez declaré la sangre de Jesús. Yo tenía necesidad de liberación pero yo no lo sabía.

Otras personas se encontraban declarando la sangre de Jesús en voz alta, y de repente yo tuve una experiencia sumamente asombrosa. Una especie de rigidez se apoderó de todo mi cuerpo, y yo me paralice, cayendo postrado sobre mi rostro, tan tieso como un pedazo de madera. Después de un rato, esta rigidez se fue y pude levantarme, aunque me sentía bastante avergonzado. ¡Un espíritu maligno había salido de mí y yo ni siquiera sabía que lo tenía! No existe duda alguna de que había entrado un día que yo estaba experimentando con una tabla de cuija cuando yo era un muchacho de doce años de edad, y estaba en la compañía de mis tías y de mis tíos, quienes me enseñaron que éste era un juego de mesa inofensivo. (Muchas gentes piensan lo mismo acerca del juego de la tabla cuija, pero esto es sumamente peligroso).

Una semana más tarde, estaba mucho más hambriento por el bautismo en el Espíritu Santo y rápidamente me arrodillé otra vez. En esta ocasión yo comencé a declarar la sangre de Jesús con mucho entusiasmo. No pasó mucho tiempo cuando yo ya me encontraba hablando en otras lenguas, y he estado haciendo esto hasta este día en el presente.

PROTECCIÓN PARA LOS PASTORES Y PARA LAS PERSONAS INDECISAS

He orado por muchos pastores y he podido ministrarles liberación, ¡y para algunos de ellos en formas espectaculares! Los pastores que se acercaron a nosotros fueron salvados de un espíritu de suicidio y de otros espíritus malignos. El diablo trata de desanimar a los pastores, que son hombres preciosos ante los ojos de Dios. Si podemos hacer que un solo pastor sea liberado, ¡podemos hacer que cientos de gentes más sean liberadas a través de su ministerio! Los pastores se encuentran tremendamente abiertos a cierto tipo de tentaciones que no atacan a sus rebaños. Los pastores pueden caer muy fácilmente en el pecado, a menos que nos pongamos a orar por ellos. Nunca critiques a un pastor; solamente ora con él y anímalo grandemente. Aquila y Priscila hicieron esto con resultados asombrosos en el hermano Apolos, quien se convirtió en uno de los líderes de la iglesia apostólica del Nuevo Testamento en la ciudad de Efeso. (Véase Hechos 18:24–28). Los pastores se encuentran muy hambrientos en nuestros días actuales. Dios está haciendo que ellos estén muy hambrientos. Dios está moviéndose a través de su Espíritu Santo con vientos refrescantes de una nueva luz y una total liberación.

Para aquellos que son tímidos podemos decirles, *"Tened fe en Dios"* (Marcos 11:22), y *"Nada os hará daño"* (Lucas 10:19). Si tú permaneces bajo la sangre de Jesús, nada puede tocarte. Tienes que estar en una buena relación con Dios. Cada pecado debe ser confesado humildemente, y debe ser puesto bajo la sangre de Jesús. Dios está buscando hombres y mujeres que puedan levantarse de la mediocridad inútil de nuestro "cristianismo" para poder llegar a las alturas de los hijos e hijas de Dios, obrando juntamente con Cristo Jesús en la iglesia del Nuevo Testamento—que es su cuerpo, hueso de sus huesos, y carne de su propia carne. (Véase Génesis 2:23; Efesios 5:29–30).[12]

Misericordias en los viajes

Yo nunca he visto que la declaración activa y en voz alta de la sangre de Jesús fracase. He viajado mucho en automóvil y también he viajado mucho por aire, y nunca he fallado en llegar a mi destino, y tampoco he llegado tarde a todos aquellos asuntos que tienen que ver con la obra del Señor. Yo siempre cubro el automóvil o el avión con la sangre de Jesús. A medida que uno bendice la comida por medio de la oración, de la misma forma debemos proteger nuestros vehículos por medio de declarar sobre ellos la sangre de Jesús.

Yo puedo recordar un hermano en Inglaterra que hace varios años, cuando se encontró con la dificultad de que el motor de su automóvil no quería arrancar, simplemente declaró la sangre de Jesús, debido a que él no sabía absolutamente nada acerca de automóviles. ¡El automóvil arrancó! Cuando te encuentras que las dificultades y los problemas se están apilando en contra de ti o de tu familia, simplemente comienza a declarar la sangre de Jesús en voz alta y observa cómo los planes del diablo se disipan completamente. ¡Este es un método completamente seguro!

No existe el límite alguno para usar la sangre de Jesús por medio de la fe

En los primeros días del derramamiento del Espíritu Santo en el siglo veinte, la señora Nuzum del estado de California solía enseñar a su audiencia en las reuniones pentecostales que tenían que esparcir la sangre de Jesús sobre todos sus seres queridos, sus hijos, y sobre todo aquello que Dios les había dado. ¿Acaso no los hijos de Israel en realidad esparcían sangre en sus propios edificios? ¿Acaso existe algún límite para poder usar la sangre de Jesús con fe, en contra de los poderes satánicos y de las tinieblas del mundo? ¿Acaso no sería muy bueno si las congregaciones de cristianos se mantuvieran en unidad declarando la sangre de Jesús en contra de las fuerzas demoníacas que están tratando de tomar control sobre nuestras ciudades y todos nuestros jóvenes?

Yo creo que la iglesia todavía tiene que descubrir la dimensión mucho más profunda de la guerra espiritual a través de declarar la sangre de Jesús en voz alta. Grandes milagros pueden realizarse si llegamos a aprender de este secreto. ¡Hay poder sobrenatural en la sangre de Jesús!

"Hay poder en la sangre de Jesús"
(LETRA Y MÚSICA DE LEWIS E. JONES, 1899)

Verso 1
¿Quieres ser libre de la carga del pecado?
Hay poder en la sangre, hay poder en la sangre;
¿Acaso podrás tú obtener la victoria sobre el mal?
Hay tremendo poder en la sangre de Jesús.

Verso 2
¿Podrías ser libre de tu orgullo y pasión?
Hay poder en la sangre, hay poder en la sangre;
Acércate y serás limpio en la fuente del Calvario;
Hay tremendo poder en la sangre de Jesús.

Verso 3
¿Acaso puedes tú, llegar a ser más blanco
que la nieve?
Hay poder en la sangre, hay poder en la sangre;
Las manchas del pecado se pierden en el flujo
de su vida.
Hay tremendo poder en la sangre de Jesús.

Verso 4

¿Acaso tú vas a servir a Jesús que es tu Rey?
Hay poder en la sangre, hay poder en la sangre;
¿Acaso tú vas a cantar sus alabanzas diariamente?
Hay tremendo poder en la sangre de Jesús.

Coro

Hay poder, poder, sin igual poder
En la sangre de Jesús;
Hay poder, poder, sin igual poder
En la sangre preciosa del Cordero.

Doce

El nuevo nacimiento y la sangre de Jesús[13]

Si acaso existen grados de intensidad en los milagros, y tal parece que sí existen, entonces, el nuevo nacimiento de la naturaleza total de una persona es el milagro más grande. El cambio y la limpieza del corazón humano forman una operación de cirugía espiritual, que sería imposible realizar con las habilidades naturales del ser humano. Tal y como lo vemos, Jesús, que es el Gran Médico Divino, saca el corazón completamente, lo lava, y coloca de nuevo un corazón completamente nuevo.

Jeremías conocía algo acerca de la maldad básica que existe en el corazón humano. Él escribió lo siguiente: *"Más engañoso que todo, es el corazón, y sin remedio; ¿quién lo comprenderá?"* (Jeremías 17:9). *La Versión Literal de Young* suena muy interesante: "El corazón está completamente desviado por encima de todas las cosas, y su estado es completamente incurable—¿y quién podrá conocer esto?" Por lo tanto, podemos ver, que el generador mismo de nuestra vida, esa gran bomba de nuestro corazón es una cosa completamente corrupta y fuera de la verdad; su naturaleza es malvada, y no existe ninguna cura natural en lo más absoluto para el estado en que se encuentra. Por sí mismo, lo único que puede hacer, es continuar bombeando contaminación a través de la mente y el cuerpo del ser humano, a menos que se realice una operación radical.

Jesús nos explicó sin duda alguna lo que esta bomba puede hacer en nosotros:

> *Pero lo que sale de la boca proviene del corazón, y eso es lo que contamina al hombre. Porque del corazón provienen malos pensamientos, homicidios, adulterios, fornicaciones, robos, falsos testimonios y calumnias. Estas cosas son las que contaminan al hombre; pero comer sin lavarse las manos, no contamina al hombre.* (Mateo 15:18–20)

La boca es el orificio a través del cual la bomba del corazón escupe todo tipo de inmundicias por medio de pláticas y comportamiento. El ser humano no puede evitarlo. Ha sido de esta manera desde que Adán fue echado fuera del jardín del Edén. Es una creatura caída y patética. El poder potencial de nuestra vida es el corazón; sin embargo, sigue bombeando toda esta basura a través de nuestro torrente sanguíneo. ¿Acaso existe alguna esperanza para nosotros? Podemos entender lo que Pablo tenía en mente cuando escribió lo siguiente: *"¡Miserable de mí! ¿Quién me libertará de este cuerpo de muerte?"* (Romanos 7:24). Pablo sabía la respuesta: *"Gracias a Dios, por Jesucristo Señor nuestro"* (versículo 25). Jesús es nuestra única respuesta; Él tiene que realizar ésta operación divina.

Desafortunadamente, muchas personas esperan demasiado tiempo antes de aplicar esta operación radical. Ellos tratan todo tipo de soluciones para ignorar la impureza que está destrozando sus matrimonios, sus trabajos, y sus vidas. Ellos de hecho, se encuentran viviendo dentro de un cuerpo de muerte.

No tenemos oportunidad alguna; el corazón sigue bombeando, bombeando, bombeando muerte dentro del nuestros torrentes sanguíneos. No podemos huir de esta muerte. Hemos sido atrapados por un monstruo—que es el diablo. Tal como un varón pequeño supuestamente tiene que ser circuncidado en el octavo día de su vida, de la misma forma estamos supuestos a circuncidar nuestro corazón tan pronto como sea posible. Mientras más jóvenes mucho mejor, si es que queremos escapar de las acciones tan peligrosas de nuestro corazón.

El Poder de la Sangre

Transplante espiritual del corazón

Pablo pudo entender el misterio de esta gran operación. Él lo explicó de esta manera en Colosenses 2:10–12:

> *Y habéis sido hechos completos en El,...en El también fuisteis circuncidados con una circuncisión no hecha por manos, al quitar el cuerpo de la carne mediante la circuncisión de Cristo;...por la fe en la acción del poder de Dios, que le resucitó de entre los muertos.*

En años recientes, el ser humano ha sido capaz de transplantar el corazón físico. Esta es una técnica médica impresionante, donde las arterias que transportan la sangre son cortadas, el corazón enfermo se corta y se separa, y el viejo músculo del corazón es removido y se tira a la basura. En su lugar, colocan un corazón sano lo más pronto posible. Todas las arterias son suturadas de nuevo, se remueven las pinzas, y se permite que la sangre fluya nuevamente. Es el equivalente de cambiar un motor en un automóvil. Algunas personas han vivido muchos años con un corazón nuevo.

Para los estudiantes de la Biblia, este pensamiento nos recuerda el clamor de David, *"Crea en mí, oh Dios, un corazón limpio"* (Salmo 51:10). Dios lo prometió a Israel y a todos los que pertenecen al Israel del Nuevo Testamento: *"Además, os daré un corazón nuevo y pondré un espíritu nuevo dentro de vosotros; quitaré de vuestra carne el corazón de piedra y os daré un corazón de carne"* (Ezequiel 36:26). Esta operación radical de Dios solamente puede ser realizada a través de su Hijo Jesús. Primeramente, debemos colocar nuestro cuerpo en el altar como sacrificio vivo. (Véase Romanos 12:1). Debemos entregarle toda nuestra vida a Dios, sabiendo que Él tiene el poder de dar vida aún en medio de la muerte.

> *Debemos colocar nuestros cuerpos sobre el altar como sacrificio vivo.*

Debemos estar preparados para morir, porque obviamente, si recibimos una verdadera circuncisión (todos los cortes necesarios alrededor) de nuestro corazón, y entonces, este es removido, el viejo hombre va a morir. Es la razón por la cual Pablo dijo, cuando escribió a los Colosenses, lo siguiente: *"Porque habéis muerto, y vuestra vida está escondida con Cristo en Dios"* (Colosenses 3:3).

Jesús toma el bisturí de la Palabra de Dios, el cual es mucho más filoso que cualquier instrumento terrenal, a medida que nosotros estamos tendidos en la mesa de operaciones del altar de Dios, y muy cuidadosamente inserta su cuchillo, que es la espada del Espíritu Santo, hace un rápido giro de 360°, y todos los canales o arterias de nuestro corazón son cortados completamente. Entonces, Jesús coloca nuestro corazón viejo, pecaminoso, sucio, completamente desviado, y lo limpia en el desinfectante más concentrado que existe en todo el universo—que es la sangre de Cristo Jesús. En Joel 3:21, el Señor promete lo siguiente: *"Yo limpiaré su sangre, que no he limpiado, pues el Señor habita en Sion"*.

Una vez que la sangre de Jesús ha sido aplicada por la mano misma de Jesús rociándola sobre nuestro corazón, nuestra conciencia de maldad es removida (véase Hebreos 10:22), y ahora, nuestro corazón transformado está listo para ser colocado de nuevo en nuestro cuerpo, porque toda la inmundicia y la basura de antaño ha sido destruida.

Jesús limpia nuestro corazón sucio con su sangre.

Siempre recuerdo mi niñez en Inglaterra cuando el hombre de la basura solía esparcir polvo de ácido carbónico en el fondo de nuestros contenedores de basura, ¡como uno de los servicios que proveía la ciudad! Eso huele muy bien, y destruía en forma muy efectiva la corrupción que existía dentro de ese bote de basura. La basura sucia puede oler horriblemente, y lo mismo sucede con un corazón sucio, porque el autor de todo tipo de corrupción es beelzebú, que es el señor de las moscas en los montones de estiércol. Pero el Autor de toda limpieza y pureza es Jesús, quien esparce su sangre en nuestro corazón inmundo. De repente, nuestro corazón ha sido completamente limpiado. Ha sido liberado del cuerpo de la muerte, porque ahora nos ha sido colocado un nuevo corazón, suturado milagrosamente sin dejar el más mínimo rastro de cirugía. La sangre de nuestro cuerpo ha sido limpiada a través de este desinfectante, y ahora el cuerpo de muerte se ha convertido en el cuerpo de vida. Ahora nos encontramos caminando *"en novedad de vida"* (Romanos 6:4). Nosotros somos ahora aquellos que *"vivos de entre los muertos"* (versículo 13). Tuvimos que morir debido a que nuestro viejo corazón tuvo que ser removido. Ahora vivimos debido a que un corazón completamente transformado ha sido colocado en su lugar. Esta es la gran operación de Dios, y ahora este nuevo corazón puede bombear una sangre limpia, impartidora de vida, a través de todo nuestro cuerpo, lo cual nos da una buena salud espiritual y física. El gran milagro del nuevo nacimiento es el fundamento que hace posible la salud divina para todos nosotros.

MI CONVERSIÓN

Muy poco tiempo después de que yo tuve esta operación radical, mi lenguaje cambió completamente. Mi boca se llenó con alabanzas en lugar de las maldiciones y los chistes de mal gusto. Cualquier deseo que antes yo tenía por el licor desapareció en forma instantánea, y el hábito al que me encontraba atado de fumar tabaco se rompió milagrosamente, cuando yo oré por ello en una manera muy simple. De repente, yo pude sentir que ese hábito inmundo, que era como una carga opresora, literalmente fue levantado completamente de mí. Esto fue un milagro. Mi corazón renovado ya no tenía ninguna cosa malvada para bombear hacia mi cerebro, y por lo tanto, también ocurrió el cambio correspondiente en todo mi cuerpo, el cual ahora obedecía a un corazón completamente nuevo. Se llevó a cabo una total transformación de mi carácter.

La primera persona que pudo notar este cambio fue mi esposa, quien más tarde también recibió a Cristo Jesús como su Salvador personal y como Aquel que la bautizó en el Espíritu Santo; ¡esto hizo que ella se sintiera como una persona completamente extraña en su propia iglesia! Nunca jamás, nadie jamás mencionaba el nuevo nacimiento en la congregación denominacional donde ella asistía. Yo era miembro de otra iglesia establecida, pero jamás había escuchado nada con relación a una cirugía radical para cambiar el corazón.

¿Acaso no es asombroso que se puedan generar todas estas formas de religión alrededor de un corazón viejo, sucio, el cual se encuentra habitando un cuerpo de muerte? El engaño mismo del corazón del ser humano genera diferentes sistemas religiosos que colocan a todos los adoradores en un letargo espiritual, de tal manera que ya no son capaces de poder comprender el camino de la salvación o la necesidad que tienen de ella. Ellos atribuyen sus debilidades y errores a la debilidad inherente en toda la raza humana; y describen esto como "la naturaleza humana". Ellos están correctos, pero la naturaleza humana puede ser cambiada para convertirse en naturaleza divina. Pedro sabía esto, y por lo tanto escribió lo siguiente:

> *Por medio de las cuales nos ha concedido sus preciosas y maravillosas promesas, a fin de que por ellas lleguéis a ser partícipes de la naturaleza divina, habiendo escapado de la corrupción que hay en el mundo por causa de la concupiscencia.*
>
> (2 Pedro 1:4)

Para poder participar de esta naturaleza divina, debemos tener un corazón límpio y un espíritu completamente nuevo; este espíritu es el espíritu de Cristo Jesús. Ahora, en lugar de que nuestro viejo corazón esté bombeando inmundicia satánica, el corazón renovado bombea la naturaleza misma de Cristo Jesús a través de nuestras venas debido a su sangre derramada.

Hemos aprendido en la Biblia un principio divino, y es que nuestra vida se encuentra en nuestro torrente sanguíneo. (Véase Levítico 17:11). Esto podría indicar que nuestra sangre lleva el pecado heredado de nuestros antepasados. No podemos evitar ser pecadores. Fuimos nacidos con la corrupción de Adán en nuestra sangre. Nos damos cuenta que esta enseñanza de la Biblia es algo completamente aborrecible para todos aquellos que quieren hacer su propia voluntad, ¿pero de qué otra manera podemos explicarnos el comportamiento atroz y vergonzoso de muchos seres humanos?

Solo Jesús puede renovar nuestro corazón pecaminoso.

Hoy en día, el crimen en los Estados Unidos de América ha alcanzado cifras que rompen todos los récords como las cifras más altas, y las fuerzas de la policía muy frecuentemente sienten que a pesar de sus mejores esfuerzos, el crimen está dominando como nunca antes lo había hecho. Es la única manera que la gente en los Estados Unidos de América y en otras naciones "libres" van a ser forzadas para clamar a Dios por ayuda, y la ayuda de Dios solamente puede venir por medio de que Jesús realice la operación quirúrgica de renovar el corazón de los individuos. Es mi oración que Dios cambie el corazón de todos nuestros líderes. Tenemos el mandamiento de orar por todos ellos.

> *Exhorto, pues, ante todo que se hagan rogativas, oraciones, peticiones y acciones de gracias por todos los hombres; por los reyes y por todos los que están en autoridad.... Porque esto es bueno...delante de Dios nuestro Salvador, el cual quiere que todos los hombres sean salvos.* (1 Timoteo 2:1–4)

Si todos los gobernadores del mundo libre llegaran a tener una verdadera experiencia del nuevo nacimiento, esto transformaría naciones enteras en cuestión de semanas.

En el avivamiento escocés del año 1904 a 1906, el crimen desapareció casi por completo. La policía no tenía nada que hacer. Los bares cerraron; los teatros no tenían clientes. Esto puede suceder de nuevo, y yo creo que está comenzando a suceder en esta gran restauración carismática de la iglesia.

RENOVACIÓN MILAGROSA

La renovación del corazón del creyente va a ser seguida por la renovación del cuerpo en una completa salud en esta vida, y a final de cuentas, en una *"casa no hecha de manos, eterna en los cielos"* (2 Corintios 5:1)—¡un cuerpo eterno! Un milagro tras otro. No existe límite alguno para el número o para la calidad de milagros que pueden ocurrir diariamente en la vida de una persona que ha recibido el nuevo nacimiento. De hecho, tal y como hemos mostrado previamente, nuestra vida misma se convierte en un milagro caminante. Qué promesa tan maravillosa en estos días de depresión y de inflación económica: *"Y mi Dios proveerá a todas vuestras necesidades, conforme a sus riquezas en gloria en Cristo Jesús"* (Filipenses 4:19). No existe inflación o carencia de ningún tipo en el cielo—solo existe un flujo continuo de bendición, sanidad, y provisión diaria, derivado todo esto de una provisión que jamás puede extinguirse.

Jesús prometió la misma cosa: *"Pero buscad primero su reino y su justicia, y todas estas cosas os serán añadidas"* (Mateo 6:33).

En los días que están por venir, antes del gran día de la venida de Jesús, vamos a poder experimentar muchos hechos asombrosos—milagros especiales y maravillas tremendas que van a confundir a todo el mundo. Nuestra provisión diaria en sí misma es un milagro diario. Debemos considerar la oración del Padre Nuestro cada vez que oramos, *"Danos hoy nuestro pan de cada día"* (Mateo 6:11). ¡Pero esto se encuentra condicionado a que nosotros estemos dispuestos en todo tiempo a perdonar a aquellos que pecaron en contra de nosotros! (Véase versículo 12).

El nuevo nacimiento y la sangre de Jesús

A medida que buscamos seguir gozando la vida cristiana en la forma más completa, después de que nuestro corazón ha sido transformado, vamos a entrar a una vida continua de milagros.

Trece

El poder milagroso de la sangre de Jesús [14]

En el año de 1948, cuando el Señor comenzó a abrir mis ojos para que yo pudiera ver la asombrosa autoridad que él nos ha impartido, para que nosotros podamos obrar milagros, recibí revelación acerca de una promesa de Jesús en forma muy especial—*"Mirad, os he dado autoridad para hollar sobre serpientes y escorpiones, y sobre todo el poder del enemigo, y nada os hará daño"* (Lucas 10:19)—y se convirtió en una Escritura muy amada para mí. Siendo usado como un pionero en lo que ahora llamamos "el ministerio de liberación". Comencé a echar fuera demonios de gente que estaban atados cruelmente por el enemigo, y pude ver tremendos milagros de sanidad física y mental que se realizaron delante de mis ojos. Las primeras tres, fueron gentes que tenían asma, depresión con intenciones de suicidio, y epilepsia. Estas tres personas todavía permanecen sanas hoy en día, más de treinta años después. Esto definitivamente funciona.

Habiendo probado que poseemos la autoridad de Jesús para hacer todas estas cosas, de repente me di cuenta que me encontraba muy lejos y muy solo en una aventura teológica. Nadie parecía entender. Otros pastores en la misma ciudad comenzaron a despreciarnos, y me di cuenta que yo ya no era aceptado en el medio ambiente ministerial del Evangelio Completo en la ciudad de Toronto. El hecho de estar completamente solo—excepto por mi esposa, por supuesto—y haberme adentrado tanto en esta aventura, parecía ser una posición muy peligrosa. Esto se convirtió en algo muy obvio cuando do el diablo nos atacó a mí y a mi esposa en medio de la noche, por medio de tratar de parar nuestros corazones para que ya no latieran más. Nos habían prevenido para que detuviéramos este tipo de ministerio. Yo recuerdo que le dije al Señor en oración que si este ministerio milagroso tan asombroso significaba que yo pudiera perder mi vida, yo estaba dispuesto a morir por su causa. Desde ese tiempo en adelante, y a través de encarar al diablo firmemente en el nombre de Jesús, y por medio de honrar la preciosa sangre de Jesús, yo he luchado en un ministerio de liberación, del cual se ha dicho que he podido influenciar muchos hombres de Dios hoy en día para que hagan lo mismo.

> *En Jesús, nada puede dañarnos.*

El poder milagroso de la sangre de Jesús

¿Qué es lo que dijo Jesús? *"Nada os hará daño".* ¡Nada, absolutamente nada! ¿Acaso esto realmente se aplica a todos nosotros? Si, para todos nosotros. Esto cubre absolutamente todo aquello que podría traer daño, dolor, o lesiones, ¡y esto incluye toda el área y ámbito de los accidentes!

Desde el año 1948 hasta este año de 1979, he encontrado que Jesús es fiel a todas sus promesas. Hablamos y declaramos la palabra de fe, la cual sale de nuestro corazón y a través de la boca, directamente en contra de satanás, ¡y él tiene que rendirse! Él se retira; él corre aterrorizado delante de esta explosión celestial que honra el nombre de Jesús, la sangre de Jesús, y la Palabra de Dios, porque leemos la declaración más sencilla que hicieron los primeros mártires cristianos: *"Ellos lo vencieron* [a Satanás] *por medio de la sangre del Cordero y por la palabra del testimonio de ellos, y no amaron sus vidas, llegando hasta sufrir la muerte"* (Apocalipsis 12:11). Fue la sangre viva de Jesús—porque su vida está en su sangre—y la Palabra Logos, que es Jesús mismo, declarada por medio de sus bocas, fue la que echó fuera al diablo y a todas sus fuerzas demoníacas. Se realizaron victorias tras victorias. Jesús es el Vencedor, y nosotros también lo somos en Cristo Jesús. Tu vida actual de derrota puede ser transformada en una vida de victorias continuas.

El Poder de la Sangre

Todos aquellos que vencieron al diablo en la iglesia primitiva no siempre fueron liberados de la muerte o de la tortura. Ellos tuvieron que promover un orden superior de vida a través de la muerte, porque está escrito acerca de ellos, *"Ellos lo vencieron por medio de la sangre del Cordero y por la palabra del testimonio de ellos, y no amaron sus vidas, llegando hasta sufrir la muerte"* (Apocalipsis 12:11). El hecho de perder su vida aquí en la tierra era el medio por el cual ganaban su vida en la vida por venir. Si ellos hubieran negado a su Salvador Cristo Jesús mientras que sufrían persecución, ellos hubieran perdido la vida eterna, porque Jesús ha dicho que si nosotros Lo negamos en esta vida, Él nos negará delante del Padre celestial. (Véase Mateo 10:33). En nuestra generación actual parece mucho más probable que si vamos a ser liberados de todos nuestros problemas en esta vida, entonces, tendremos que enfrentar la persecución por causa de nuestro testimonio. De cualquier manera, en la vida o en la muerte, glorificamos a Dios y mantenemos nuestra victoria en Cristo Jesús. En Jesucristo, no existe aguijón alguno, ni en la muerte, ni en la vida.

Cuando Jesús dijo que nada nos dañaría o lastimaría, o lesionaría, Él estaba hablando muy en serio. Esto es verdad, porque Jesús es la verdad.

El poder milagroso de la sangre de Jesús

REMISIÓN ESPONTÁNEA DE ENFERMEDADES

Tal vez algunos de los milagros más espectaculares y más emocionantes son aquellos que suceden cuando la gente menos los está esperando. La gente en la profesión médica se refiere a estos casos como "remisiones", y por supuesto, aunque muchos de los doctores no se dan cuenta de ello, la Palabra de Dios nos enseña que *"sin derramamiento de sangre no hay perdón"* (Hebreos 9:22). Es debido a que Jesús derramó su sangre por toda la raza humana, que es posible que las gentes tengan remisión de sus enfermedades, aunque éstas sean mortales.

No existe duda alguna que en el mundo occidental, muchos van a ponerse a orar por alguien que estaba gravemente enfermo. Esto es especialmente verdadero entre todas nuestras iglesias. Se manda la petición de oración y se realiza una oración congregacional, o esta solicitud de oración se pasa a diferentes grupos de intercesión y cadenas de oración que existen especialmente para este tipo de ministerio. ¿Cómo podemos entender el amor de Dios cuando Él ministra remisión a una persona que ni siquiera se encuentra consciente que otros creyentes muy lejos y desconocidos para él han estado orando por su sanidad? No podemos limitar la mano de Dios, la cual desde el cielo alcanza y "echa fuera" una enfermedad debido a que Jesús derramó su sangre por toda la raza humana. La expresión "echar fuera" es el significado exacto de la palabra *remisión* (derivado del griego *afesis*).

LAS DISTANCIAS NO EXISTEN PARA EL ESPÍRITU SANTO

Recuerdo el tiempo cuando el tan bien conocido misionero W. F. Burton que pertenecía a la Banda Evangélica del Congo se encontraba muriendo de cáncer en ese mismo país del Congo. Una mujer en la ciudad de Melbourne, en Australia, fue despertada a las tres de la mañana de su tiempo local para orar por el reverendo Burton, quien se encontraba en una necesidad desesperada.

Ella obedeció las instrucciones del Espíritu Santo e intercedió por este misionero. En ese mismo momento de tiempo, Willie Burton tuvo una remisión de su cáncer. Más tarde, él pudo publicar fotografías de los rayos X de su colon canceroso antes y después de este milagro. Una remisión espontánea. Tuvo que pasar bastante tiempo antes que esta verdad pudiera ser aprendida. Existe una tremenda distancia entre la ciudad de Melbourne y las junglas del Congo, pero las distancias no existen para el Espíritu Santo de Dios.

En nuestra propia iglesia, muy frecuentemente hemos sido asombrados por los testimonios que nos han sido reportados de gente por quienes hemos orado en nuestros servicios regulares. Muy probablemente ni siquiera conocimos a algunos de ellos, pero nos reportaron su caso, y usualmente ante de abrir nuestro tiempo de oración, pedimos a la gente que nos den sus peticiones de oración. No realizamos esto solo como una formalidad, porque la experiencia nos ha mostrado que las remisiones espontáneas se realizan en muchos de estos casos. Por supuesto, yo no estoy intentando explicar por qué algunas personas no sean sanadas, pero yo sospecho que tiene algo que ver con la actitud que tienen con relación a Dios cuando se está orando por ellas.

No sólo muchas enfermedades han sido sanadas en forma espontánea, pero parece que el cristiano que se encuentra lleno con el Espíritu Santo va a responder automáticamente ante la necesidad de otra persona. El Espíritu Santo que se encuentra dentro de nosotros parece estar ansioso para levantarse e ir en ayuda de la persona que se encuentra enferma, aún antes de que nosotros mismos nos demos cuenta, y esto va a provocar que nos encontremos orando por esa persona. Muchas veces cuando un avión pasa volando por encima de nosotros, yo me encuentro orando para que el viaje de todos aquellos que se encuentra en el aire sea seguro. ¿Acaso éste es un tipo de superstición de los ignorantes, o es un atributo que ha sido dado por Dios? Yo pienso que existe una conexión aquí en Romanos 8:26, que dice:

Y de la misma manera, también el Espíritu nos ayuda en nuestra debilidad; porque no sabemos orar como debiéramos, pero el Espíritu mismo intercede por nosotros con gemidos indecibles.

The Amplified Bible (La Versión Amplificada de la Biblia) lo pone de esta manera:

Así que también, el Espíritu (Santo) viene en nuestra ayuda para confortarnos en nuestras debilidades; porque no sabemos el tipo de oración que tenemos que ofrecer y tampoco sabemos ofrecerla como debiéramos, pero el Espíritu Santo mismo suple nuestras oraciones, y ruega a favor de nosotros con gemidos indecibles y con sonidos que son muy profundos para nuestro lenguaje normal.

La Nueva Traducción Viviente de la Biblia lo traduce de esta manera:

Y el Espíritu Santo nos ayuda en nuestra debilidad. Por ejemplo, nosotros no sabemos qué quiere Dios que le pidamos en oración, pero el Espíritu Santo ora por nosotros con gemidos que no pueden expresarse con palabras. (Romanos 8:26, NTV)

El poder milagroso de la sangre de Jesús

Aquí tenemos un hecho que ha sido revelado. El Espíritu Santo (y no nosotros) intercede, ora, ruega, y nos encuentra en el momento mismo de nuestra necesidad más desesperada. Este es un acto espontáneo de un Dios tan amoroso que comienza la moción de un proceso, y de esta forma, se puede realizar una remisión milagrosa para una persona que se encuentra gimiendo en medio de una gran necesidad. ¡Qué maravilloso es que este ministerio se encuentra en medio de la iglesia está llena con el Espíritu Santo!

El Espíritu Santo intercede, ora y clama.

¿Cómo es que podemos saber cuánta gente ha estado orando por una persona que está en sufrimiento? ¿Cómo podemos conocer que tanta gente ha sido provocada por Dios para que ore en tierras que están muy lejanas? De repente una persona es sanada, y esto es llamado una remisión. Sangre por sangre. La sangre preciosa y limpia de Jesús a cambio de nuestra sangre contaminada. Remisión.

EL MINISTERIO DE KATHRYN KUHLMAN

El ministerio asombroso de Kathryn Kuhlman ha probado este punto más allá de cualquier duda.

Uno de los líderes del ministerio católico de sanidad, el Padre Francis McNutt, ha explicado que miles de católicos asistieron a sus reuniones, buscando sanidad y remisión, y miles de ellos fueron sanados. Los enormes servicios de sanidad de la Señorita Kuhlman no tenían la intención de convertirse en una capilla solamente. Ella era una mujer profetisa. Ella no dijo ser evangelista o predicadora. Ella ciertamente no era la sanadora—le dejaremos esta palabra a los metafísicos—pero ella estableció un ministerio donde Jesús era honrado a través del Espíritu Santo Omnipresente, y gentes de todas las denominaciones venían esperando o creyendo que iban a recibir su sanidad. Los doctores se encontraban presentes para confirmar estas sanidades.

¿Cómo es que las remisiones espontáneas pueden ocurrir en medio de este tipo de servicios (¡y de hecho suceden!)? La respuesta se encuentra en el hecho de que todo el auditorio está cargado con la presencia del Espíritu Santo. El servicio se conduce de tal manera que provoca que la gente esté a la expectativa, esperando que el Espíritu Santo haga la obra. Estas sanidades son obra soberana de Dios.

Recargando una batería muerta

Cuando una batería muerta se pone en contacto con una batería viva, la energía que se encuentra en las celdas cargadas a su máximo entra en las celdas muertas. Y lo mismo sucede en el caso de las células del cuerpo humano. La presencia de enfermedades significa que existen muchas células enfermas, muchas células desgastadas, y muchas células que están completamente exhaustas. Ellas necesitan una nueva carga de vida divina. Por medio de entrar en un auditorio donde se ha estado orando, cantando, regocijado, y en donde la sangre de Jesús ha sido honrada, las células desgastadas en estos cuerpos enfermos, comienzan a experimentar una nueva carga de *zoe* de vida de Dios, por medio del Espíritu Santo. La presencia del Espíritu Santo va a echar fuera, o a remitir, las enfermedades, en la medida como una nueva infusión de vida divina fluye dentro de ese cuerpo. Debemos recordar que cuando Dios creó al hombre a su propia imagen, lo hizo por medio de soplar su aliento divino hacia la forma sin vida de Adán, quien después de esto se convirtió en un alma viviente. (Véase Génesis 2:7). Las células de Adán estaban formando un cuerpo hecho en forma perfecta y que se veía bien, pero todas estas eran células muertas. Se requirió del aliento de Dios (del hebreo *neshamah*) para impartirle vida y fuerza a Adán.

Todos nosotros somos descendientes de Adán y Eva, y por lo tanto, cuando nuestras células son atacadas por el diablo a través de enfermedades, existe una fuerza mucho más grande que el diablo y las enfermedades, y que puede echar fuera toda enfermedad, y que se llama el aliento de Dios y la preciosa sangre de Jesús, los cuales estaban presentes en estos servicios de sanidades de Kuhlman.

EL ESPÍRITU SANTO Y LA SANGRE DE JESÚS

Si tú colocas un objeto mojado y podrido en un horno caliente, el proceso de degeneración y de desgaste se detiene temporalmente a medida que el objeto se seca. Cuando una persona enferma se expone ante el calor del Espíritu Santo, este proceso de "secado" se realiza. Después de que el desgaste ha sido adoptado por las células del cuerpo, el proceso de restauración que ya se encuentra presente en las células del cuerpo, comienza a tomar poder por encima de las células muertas con un (toque) supercargado del Espíritu Santo y de la vida que se encuentra en la sangre, y entonces, la sanidad se lleva a cabo en muy corto tiempo. Esta es una remisión espontánea.

Los símbolos del Espíritu Santo son el fuego, que cauteriza; el agua, que limpia la suciedad; el aliento, que revive y resucita; y el aceite, que calma y tranquiliza. Todos estos representan la obra del Espíritu Santo en el auditorio público o en una iglesia donde Jesús es honrado como el Sanador, y su sangre es honrada como la Restauradora de

Vida. Kathryn Kuhlman decía muy frecuentemente en público que ella no entendía cómo es que los milagros se realizaban en sus reuniones, porque no toda la gente que asistía tenía fe. Aún si una persona es convencida para que asista por medio de su amada esposa, o esposo, hijo, o amigo, el hecho de que esa persona asiste es en sí mismo una indicación de fe, aunque un tanto pequeña. Cuando los parientes y personas han tratado de convencer al paciente que se encuentra sufriendo, mientras que ellos se encuentran orando por él, esto en sí mismo, es una razón suficiente para que el milagro de la remisión espontánea se lleve a cabo. No siempre somos sanados solamente a través de nuestra propia fe. De hecho, cuando nos encontramos en agonía profunda y en enfermedad, puede ser muy difícil que la persona que está sufriendo pueda ejercitar su fe. El hecho de que la persona asiste a esta reunión, es el medio que le trae a la presencia cargada de poder del Espíritu Santo, quien intercede por nosotros.

Trata de imaginarte un servicio de sanidades muy grande, donde hay muchas gentes con muchos sufrimientos y penalidades. La mayoría de la gente que se encuentra presente está en una actitud de oración, y esto provoca un ruego espontáneo del Espíritu Santo hacía el Padre celestial, para que imparta su aliento de vida a toda esta gente. Las gentes que se encuentra en las sillas de ruedas, y que no han podido tener acceso al auditorio principal son sanadas en los pasillos laterales, o incluso aquellos que se encuentran fuera del edificio. Sucede de repente, es espontáneo, es un milagro, pero es Jesús quien realiza la remisión.

A medida que la iglesia sigue siendo restaurada por el Espíritu Santo en los días que estamos viviendo, vamos a ver mucho más de estas sanidades en masa. En el Antiguo Testamento, los sacerdotes no pudieron estar en pie para ministrar, después de que la sangre había sido ofrecida, debido a que toda el área del templo se llenaba con una nube visible de gloria.

Cuando los trompeteros y los cantores, al unísono, se hacían oír a una voz alabando y glorificando al Señor, cuando levantaban sus voces acompañados por trompetas y címbalos e instrumentos de música, cuando alababan al Señor diciendo: Ciertamente El es bueno porque su misericordia es para siempre, entonces la casa, la casa del Señor, se llenó de una nube, y los sacerdotes no pudieron quedarse a ministrar a causa de la nube, porque la gloria del Señor llenaba la casa de Dios.

(2 Crónicas 5:13–14)

En las reuniones de Kathryn Kuhlman mucha gente solía caerse en el suelo, ya sea una vez que habían sido tocadas por ella, o cuando se encontraban delante de la presencia de esta dama. Muchos estuvieron cuestionando estas manifestaciones que no eran usuales, porque en realidad esto no sucedía en muchas de las iglesias; pero las remisiones espontáneas tampoco suceden en muchas iglesias, y esta es la razón de que la gente literalmente abarrotaba las reuniones de la Señorita Kuhlman buscando la sanidad que tanto necesitaban. Parece ser que el hecho de caerse al piso puede ser el cumplimiento en el Nuevo Testamento de lo que sucedió en el templo del Antiguo Testamento; la gloria de Dios se encontraba presente.

Está registrado en Lucas 5:16–17 que Jesús se fue al desierto para orar, y después de esto, Él regresó y comenzó a enseñar a la doctores de la ley que se habían reunido fuera de todos los pueblos de Judea, Galilea y Jerusalén. En esta clase inusual de enseñanza, *"el poder* [del griego *dunamis*] *del Señor estaba con El para sanar"* (versículo 17). El hecho de que Jesús mismo estaba ahí, y que Él está enseñando la Palabra de Dios creó una situación donde cualquiera de esos doctores que se encontraban aprendiendo, hubieran podido recibir un milagro espontáneo del poder milagroso del Espíritu Santo que se encontraba presente.

Cuando tenemos las mismas condiciones hoy en día, podemos obtener los mismos resultados.

Cuando los hombres o mujeres que están llenos del Espíritu Santo se atreven a levantarse y a pronunciar, declarando que Jesús se encuentra presente para sanar, todo el medio ambiente se carga con el poder sanador de Dios. No es de sorprender que muchos que asisten a estas reuniones sean sanados.

A través de la operación de diversos dones espirituales, el Espíritu Santo le revelaba a Kathryn Kuhlman con una certeza perfecta, los individuos que estaban siendo sanados, y las enfermedades de las cuales ellos estaban recibiendo remisiones, confirmando la presencia tan real del Espíritu Santo. Esto sucedió por todo el auditorio, y entonces, con la ayuda de los ujieres, todos aquellos que habían sido sanados se animaban para pasar a la plataforma y poder testificar de lo que les había sucedido. Era entonces cuando muchos caían al suelo bajo el poder de Dios. No debemos decir que fueron "los muertos del Señor", porque esta expresión está reservada para los enemigos de Dios. (Véase Jeremías 25:33 e Isaías 66:16). ¡Algunas veces confundimos nuestras expresiones! Al entrar a la presencia tan fuerte del Espíritu Santo, quien estaba honrando al evangelista, esta gente simplemente caía al suelo. Ellos no eran sanados debido a que cayeron; ¡ellos simplemente cayeron! Los sacerdotes en 2 Crónicas no podían permanecer de pie delante de la presencia de la nube de gloria—el *shekinah* de Dios. ¡Ellos no se desmayaron!

EMOCIONES DE LOS ÚLTIMOS TIEMPOS

Podemos ver que se acerca el día cuando la gente no solamente va a caer delante de la gloria de Dios, ¡sino que muchos van a caer aún antes que hayan llegado a la iglesia o a la auditorio público! En 2 Crónicas leemos lo siguiente:

> *Y cuando Salomón terminó de orar, descendió fuego desde el cielo y consumió el holocausto y los sacrificios; y la gloria del SEÑOR llenó la casa. Los sacerdotes no podían entrar en la casa del SEÑOR, porque la gloria del SEÑOR llenaba la casa del SEÑOR.*
> (2 Crónicas 7:1–2)

De la misma forma como muchos fueron sanados simplemente por medio de que la sombra de Pedro pasara sobre de ellos (véase Hechos 5:15), así también muchos van a ser sanados en las ciudades donde los servicios de sanidad divina se lleven a cabo. Muchas gentes que están enfermas en los hospitales y los hogares de estas ciudades, de repente van a ser tocados por el poder del Espíritu Santo, y van a recibir remisiones instantáneas. El poder de Dios va a aumentar grandemente en esta gran restauración y renovación de la iglesia, de tal manera que se va a crear un punto de saturación dentro del auditorio de la iglesia, y va a ser tan grande, que la gente va a caer delante del Señor en las calles y en los escalones del edificio. El poder del Señor va a estar presente para sanar en una forma en que se va a extender a toda la ciudad en una forma total.

Éstos van hacer unos días muy emocionantes. Debes mantener en tu mente esta Escritura: *"Y le seguía una gran multitud, pues veían las señales que realizaba en los enfermos"* (Juan 6:2). Imagínate lo que sucedería en algunas de nuestras ciudades tan modernas, cuando la gente en realidad cayera bajo el poder de Dios, ¡y fueran sanados en forma espontánea justo en las aceras de la ciudad! Imagínate las multitudes de reporteros de la prensa y camarógrafos de la televisión, que rápidamente cubrirían este tipo de sucesos, y después de esto, la publicidad y las fotografías, de tal manera que las multitudes van a leer y a creer en el Hijo de Dios.

No es de sorprender que Kathryn Kuhlman siempre soliera decir, "¡Yo no sano a nadie!" Estas sanidades son realizadas por Jesucristo, y a través de la presencia del Espíritu Santo que se encuentra saturando todo el auditorio. La única forma de poder hacer que nuestra generación salga de estas condiciones imposibles de crimen y perversidad que están prevaleciendo, es por medio de la realización de las señales y milagros en gran escala. ¡Entonces la gente va a seguir a Jesús, y no a los políticos!

Si tan sólo la iglesia en las generaciones pasadas hubiera obrado milagros verdaderos por el poder del Espíritu Santo, y por medio de honrar la sangre de Jesús, el diablo hubiera tenido mucha más dificultad para poder establecer su espectáculo en la actualidad. Una gran parte de la iglesia cristiana ha negado el poder de Dios, y no ha estado a la expectativa de ningún tipo de milagros, enseñando a la gente que los días de los milagros pertenecen al pasado solamente. Mientras que ellos están diciendo esto, el día de milagros rápidamente está reapareciendo para que ellos puedan verlo.

Algunas escuelas y colegios bíblicos de hecho les prohíben a sus alumnos que hablen en lenguas, que oren por los enfermos, o que echen fuera demonios, ¡y sin embargo ellos se anuncian a sí mismos y se promueven como colegios bíblicos! Cuando Jesús camina por sus puertas en la forma de un milagro, realizado a través de cualquier miembro de su estudiantado, ellos lo rechazan a él o a ella, por lo tanto están rechazando a Jesús mismo. Es tiempo que toda la iglesia sea sacudida desde arriba hasta abajo, por medio de la restauración de hombres y mujeres que obren milagros en medio de todos nosotros. Toda la creación gime y espera la manifestación de ministros de Dios, maduros, obradores de milagros. Este es el tiempo para que se lleve a cabo una gran madurez. Este es el tiempo del derramamiento de la lluvia tardía. Es ahora mismo. Es en este día actual.

Referencias finales

[1] Esta porción que comienza en la página 30 con el encabezado "Liberación para vida," fue tomada del libro *Demons and Deliverance* (Demonios y Liberación).

[2] Esta porción que comienza en la página 39 con el encabezado "Las ecuaciones de Dios," fue tomada del libro *How to Receive the Baptism in the Holy Spirit* (Cómo Recibir el Bautismo en el Espíritu Santo).

[3] Esta porción que comienza en la página 49 con el encabezado "Declarando en voz alta," fue tomada del libro *Demons and Deliverance* (Demonios y Liberación).

[4] Esta porción que comienza en la página 64 con el encabezado "Cubriendo a nuestros hijos," fue tomada del libro *Demons and Deliverance* (Demonios y Liberación).

[5] Esta porción que comienza en la página 84 con el encabezado "Un espíritu de suicidio," fue tomada del libro *Demons and Deliverance* (Demonios y Liberación).

[6] Esta porción que comienza en la página 104 con el encabezado "Nuestro valor en Cristo Jesús ," fue tomada del libro *Pulling Down Strongholds* (Destruyendo Fortalezas).

El Poder de la Sangre

[7] Esta porción que comienza en la página 120 con el encabezado "La sangre y los dones de Palabra," fue tomada del libro *Charismatic Gifts* (Los Dones Carismáticos).

[8] Capítulo 8, "La sangre y la salud divina," fue tomada de porciones del libro *Divine Health* (Salud Divina).

[9] Esta porción que comienza en la página 147 con el encabezado "Limpieza continua del envenenamiento espiritual," fue tomada del libro *Is Mark 16 True?* (¿Acaso Marcos 16 Es Verdad?).

[10] Capítulo 10, "El bautismo en el Espíritu Santo y la sangre," fue tomada de diversas porciones del libros *Bible Baptisms* and *How to Receive the Baptism in the Holy Spirit* (Los Bautismos de la Biblia y Cómo Recibir el Bautismo en el Espíritu Santo).

[11] Esta porción que comienza en la página 179 con el encabezado "Protección en contra de los ladrones," fue tomada del libro *The Working of Miracles* (La Operación de los Milagros).

[12] Esta porción que comienza en la página 185 con el encabezado "Protección para los pastores y para personas indecisas" fue tomada del libro *Return to the Pattern* (Regresando al Modelo Original).

[13] Capítulo 12, "El Nuevo nacimiento y la sangre de Jesús" fue tomada de diversas porciones del libro *The Working of Miracles* (La Operación de los Milagros).

[14] Capítulo 13, "El poder milagroso de la sangre de Jesús" fue tomada de diversas porciones del libro *The Working of Miracles* (La Operación de los Milagros).

Acerca del autor

H. A. Maxwell Whyte

La figura de un bulldog inglés, H. A. Maxwell Whyte (1908–1988) tenía un control, poder y una voz estentórea, que era especialmente asombrosa cuando la levantaba en contra del diablo y de sus demonios. Tenía un corazón muy tierno y amaba a Jesús profundamente. Fue un pionero en esta generación, reconociendo que *"Porque nuestra lucha no es contra sangre y carne, sino contra principados, contra potestades, contra los poderes de este mundo de tinieblas, contra las huestes espirituales de maldad en las regiones celestes"* (Efesios 6:12), y él llevó la batalla justo hasta la puerta del enemigo mismo. El tenía suficiente fe para creer que Dios confirmaría *"la palabra por medio de las señales que la seguían"* (Marcos 16:20). En el poderoso nombre de Jesús, él proclamó libertad para los cautivos, y abrió las prisiones de todos aquellos que se encontraban atados. (Véase Isaías 61:1). Por más de cuarenta años, ministró por todo el mundo a todos los que se encontraban en sufrimiento y quebrantados de corazón, y marcó la pauta en el ministerio de los dones poderosos del Espíritu Santo.

Maxwell Whyte nació el día 3 de mayo de 1908 en la ciudad de Londres, Inglaterra. Cuando era niño, él fue criado en un hogar nominalmente cristiano, donde se motivaba la asistencia a la iglesia. Criado como presbiteriano, Maxwell fue influenciado fuertemente por el pastor muy devoto de la iglesia adonde asistió durante su infancia, y a la edad de dieciséis años, él hizo una promesa al Señor Jesús, aunque el nivel de su entendimiento con relación a lo que esta decisión significaba no era completo.

Después de terminar su educación en el colegio de Dulwich en Londres, Maxwell entró en el mundo de los negocios como representante de la Compañía de Petróleo Angloamericana, e incluso durante los años de la depresión, él disfrutó en una gran medida del éxito económico, lo que era la envidia de muchos durante esos años de crisis económica. El 8 de junio de 1934, Maxwell se casó con Olive Hughes en la iglesia anglicana de San Pablo, en el suburbio londinense de Beckenham. Fue en esta área residencial tan pacífica, que Maxwell y Olive se pudieron regocijar en su estilo de vida confortable, su sólido matrimonio, y el nacimiento de sus primeros dos hijos, David y Michael.

Todo iba muy bien para esta exitosa y feliz pareja hasta que su hijo David se enfermó muy seriamente. Con el temor de que su hijo pudiera ser arrebatado de ellos, Olivia y Maxwell clamaron al Señor en medio de la desesperación, y fueron afectados en forma muy dramática, cuando Dios restauró a David a una completa salud. Muy poco tiempo después de esta experiencia, Maxwell fue invitado por un colega para asistir a una pequeña reunión carismática en la ciudad de Croydon, en las afueras de Londres. Ahí, por primera vez, él pudo ser testigo de la operación de los dones del Espíritu Santo, y vio un grupo de gentes cuya relación con el Señor era una relación llena de vida, y no solamente consistiendo en mantener las tradiciones religiosas. La vida de Maxwell nunca volvió a ser la misma, a medida que él se convirtió verdaderamente, fue bautizado en agua, bautizado en el Espíritu Santo, y liberado milagrosamente del hábito de fumar, todo esto en un período de pocas semanas. Todo esto era en el año de 1939, ¡y ser un cristiano carismático en esos días no era nada popular dentro del medio ambiente cristiano!

En el comienzo de la Segunda Guerra Mundial, Maxwell ingresó a la Real Fuerza Aérea como un oficial de señales, donde el interés de toda su vida por la radio amateur, se convirtió en una herramienta que pudo ser usada para establecer las comunicaciones para la defensa de ese país. Durante sus seis y medio años de servicio militar, Maxwell dedicó muchas horas estudiando la Biblia, convencido de que un día él podría entrar de lleno al ministerio, dedicándole todo su tiempo al Señor. En 1946, después de haber sido dado de baja de la Real Fuerza Aérea, Maxwell regresó a su carrera de negocios, sólo para acabar abandonándola pocos meses más tarde, a fin de prepararse para el ministerio. Después de varios meses de entrenamiento intensivo y oración, Maxwell respondió ante el llamamiento de emigrar a la ciudad de Toronto, en Canadá, para convertirse en pastor de la Iglesia Unida de Fe Apostólica, que era una pequeña congregación que había estado sin pastor por varios años.

Por lo tanto, fue en abril de 1947, que Maxwell y Olive Whyte, junto con su familia de tres hijos (Stephen había nacido pocos meses después de la guerra) llegaron a Canadá para tomar la responsabilidad de dirigir un grupo como de una docena de creyentes, que formaban la congregación de novatos en Toronto. Los primeros años en Toronto no fueron nada fáciles para la familia Whyte. Ellos vivieron en apartamentos muy pequeños con muy escasos ingresos, y en 1952 nació su cuarto hijo, John. Los niños se ajustaron muy bien a su nuevo medio ambiente, y muy pronto se convirtieron en canadienses consumados. Por más de tres décadas, Maxwell sirvió fielmente como pastor de esta iglesia. Él pudo testificar la transformación de un pequeño grupo de adoradores, a medida que Dios los edificó, convirtiéndolos en un grupo muy valiente de creyentes que sostuvieron las verdades carismáticas de la Biblia.

En 1948, mientras que Maxwell estaba ministrando a uno de los miembros de su iglesia que sufría de asma crónica, y a otro que tenía intenciones de suicidarse, en forma soberana, Dios dirigió a Maxwell para que pudiera entender la realidad de la guerra espiritual y de la liberación. Esta revelación catapultó a Maxwell a un ministerio que llamó la atención de muchas partes del globo terráqueo.

En más de cuarenta años de ministerio, Maxwell ministró en muchos países de todo el mundo en los cinco continentes. Al mismo tiempo, él fue el autor de por lo menos diez y ocho libros que tratan con la obra de Dios durante el derramamiento carismático actual del Espíritu Santo. Cientos de cartas han testificado acerca de las sanidades y liberaciones de aquellos que han leído sus escritos, que han creído, y que han sido bendecidos.

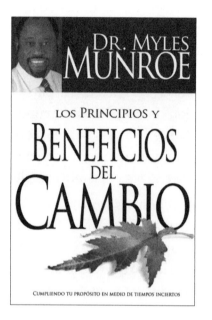

Los Principios y Beneficios del Cambio
Dr. Myles Munroe

El cambio llega a todos nosotros—sea que estemos preparados para ello o que no lo estemos. La forma como tratemos con esos cambios inevitables—sin importar cuál sea su origen—va a determinar si a final de cuentas, ellos se van a convertir en una fuerza positiva o negativa en nuestra vida. *Los Principios y Beneficios del Cambio* por el Dr. Myles Munroe es un manual para los tiempos de cambio. El revela cómo podemos experimentar confianza y libertad en la incertidumbre de nuestro mundo cambiante. Descubra cómo iniciar el cambio y cómo usar el cambio para tu beneficio, capacitándote para que llegues a realizar el propósito que Dios te ha dado en la vida. ¡Tú puedes estar preparado para las estaciones de cambio que vienen por delante!

ISBN: 978-1-60374-159-0 ♦ Rústica ♦ 256 páginas

WHITAKER
HOUSE

Los Principios y el Poder de la Visión
Dr. Myles Munroe

El autor de best-sellers, Dr. Myles Munroe explica la forma cómo tú puedes llegar a hacer de tus sueños y de tus esperanzas una realidad viviente. *Los Principios y el Poder de la Visión* te va a proveer con principios que han sido probados a través de los tiempos, y que te van a capacitar para poder llevar a cabo tu visión, sin importar quién eres tú, o de dónde vienes tú.

ISBN: 978-0-88368-965-3 • Rústica • 272 páginas

WHITAKER
HOUSE

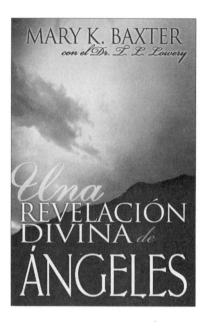

Una Revelación Divina de Ángeles
Mary K. Baxter

La autora Mary Baxter describe sueños, visiones, y revelaciones que Dios le ha dado acerca de los ángeles. Explore las fascinantes dinámicas de los seres angelicales, su apariencia, sus funciones asignadas, y cómo ellos operan no sólo en reino celestial, sino también en nuestras vidas aquí en la tierra. Descubra la diferencia entre los ángeles buenos y los ángeles malos (demonios) y sus actividades a medida que aprende a distinguir los ángeles de luz de los ángeles de las tinieblas.

ISBN: 978-0-88368-973-8 • Rústica • 288 páginas

WHITAKER
HOUSE

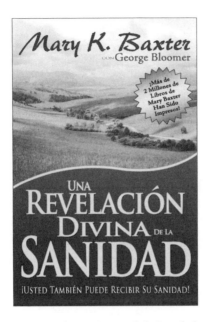

Una Revelación Divina de la Sanidad
Mary K. Baxter

Lea los muchos testimonios dramáticos de la vida real de personas que recibieron sanidad milagrosa de enfermedades mortales, padecimientos, y, estilos de vida y hábitos destructivos. Descubra cómo ellos fueron sanados y cómo usted también puede:

- Remover los obstáculos para la sanidad.
- Vencer el miedo y la desesperanza.
- Aprender a distinguir las causas de la enfermedad.
- Vencer el poder del maligno.
- Recibir sanidad física y emocional.
- Caminar en salud divina.
- Ministrar sanidad a otros.

ISBN: 978-1-60374-192-7 ◆ Rústica ◆ 240 páginas

WHITAKER
HOUSE

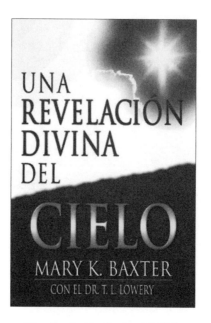

Una Revelación Divina del Cielo
Mary K. Baxter

Después de treinta noches de experimentar las profundidades del infierno, le fueron mostradas a Mary Baxter algunas regiones del cielo. He aquí fascinadores vislumbres de la belleza y del gozo que aguardan a cada creyente en Jesucristo.

ISBN: 978-0-88368-572-3 ♦ Rústica ♦ 208 páginas

WHITAKER
HOUSE

Una Revelación Divina del Infierno
Mary K. Baxter

Durante trienta días Dios le dio a Mary Kathryn Baxter visiones del infierno y la comisionó para que se las contase a todos a fin de que escojan la vida. He aquí un recuento de ese lugar y de los seres que lo poblan vistos en contraste con las glorias del cielo. Se trata de algo que nos recuerda la necesidad que todos tenemos del milagro de la salvación.

ISBN: 978-0-88368-288-3 ✦ Rústica ✦ 144 páginas

WHITAKER
HOUSE

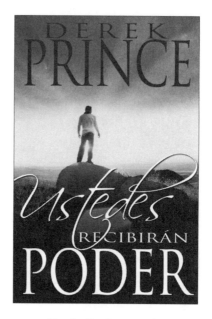

Ustedes Recibirán Poder
Derek Prince

No te gustaría tener a alguien que…

>   …siempre está contigo?
>   …te aconseja como todo un Experto?
>   …siempre te está motivando?
>   …te consuela cuando estás triste?
>   …te libera de situaciones difíciles?
>   …suple tus necesidades?
>   …sana tus enfermedades?

¡Tú puedes tenerlo! Él es el Espíritu Santo, y Él es un regalo muy especial de Dios para ti. Experimenta el gozo que el Espíritu Santo te puede dar como tu Proveedor, Sanador, Protector, Guía, y como tu más Intimo Amigo.

ISBN: 978-1-60374-220-7 ◆ Rústica ◆ 192 páginas

WHITAKER
HOUSE

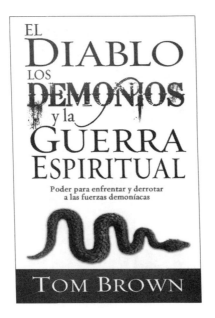

El Diablo, los Demonios y la Guerra Espiritual
Tom Brown

El autor Tom Brown dice que hemos olvidado nuestro deber de compartir la misión de Cristo Jesús—de derrotar al adversario que gobierna este mundo. Hoy en día, muchas iglesias rehúsan mencionar al diablo o enseñar acerca de la realidad de satanás. El resultado de esto es una iglesia anémica y muy débil que lucha para convertir a todos aquellos que están dudando, para rescatar a los que se encuentran en crisis, o que está luchando para poder testificar acerca de la liberación de las almas oprimidas que se encuentran en las garras del diablo.

ISBN: 978-1-60374-124-8 ♦ Rústica ♦ 272 páginas

WHITAKER
HOUSE

El Poder de Tus Palabras
Don Gossett y E. W. Kenyon

Con capítulos dinámicos escritos por E. W. Kenyon y Don Gossett, ¡este libro lo ayuda a darse cuenta de que no hay nada que iguala *El Poder de Tus Palabras*! Si usted falta algo o falla de lograr lo que usted dice que usted hará, entonces el problema puede estar en lo que usted confiesa y cree. Descubra cómo ganar maestría sobre las palabras que salen de la boca tan ellos forman fila con la Palabra de Dios, y aprenden a agarrarse bien a su profesión de fe aún ante contradicciones aparentes.

ISBN: 978-1-6374-104-0 • Rústica • 224 páginas

WHITAKER
HOUSE